[過去問]

2024
洗足学園小学校
入試問題集

JN084612

Shinga-kai

洗足学園小学校
過去10年間の入試問題分析
出題傾向とその対策

▌2023年傾向

今年度より、一次・二次に考査が分かれるという大きな変更がありました。一次試験ではペーパーテスト、集団テスト、運動テストを行い、合格者を対象に二次試験として親子面接が行われました。ただし出題内容に大きな変化はなく、ペーパーテストでは推理・思考、常識、言語など、集団テストでは色の塗り分けやチョウ結びなどを含む巧緻性・絵画、運動の要素を含むジャンケンゲームなどが出題されました。行動観察では、お友達との相談が必要な課題が行われました。

▌傾　向

2018年度から1日目に男子、2日目に女子の考査が行われ、男女で出題される課題が異なりました。所要時間は約2時間で、考査日前の指定日時に親子面接がありました。2023年度は考査が一次・二次試験に分かれ、一次試験ではペーパーテスト、集団テスト、運動テストを行いました。ペーパーテストは中学校受験に定評のある学校らしく、話の記憶や理解をはじめとして数量、推理・思考、常識、言語など教科学習の素地となる内容がバランスよく出題されています。四方図、水の量、重さ比べなど、推理・思考の領域からは毎年出題されていますが、難問も含まれているので相当レベルの事前準備が必要でしょう。集団テストでは、紙を折る、ひもを通して結ぶ、濃淡を塗り分けるなどの巧緻性の課題が出されています。また行動観察では、例年グループに分かれて行われる集団ゲームや共同作業など、2、3種類の課題での子どもの行動を通して、お友達と仲よくかかわって1つのことを行う社会性や協調性を見ています。2021、2022年度はコロナウイルス対策の観点から制作は個人で行われ、お約束を守って行動するジャンケンゲームと、2022年度のみお友達との接点を極力減らしたケン玉ゲーム（男子）や動物のお面を使った変身ごっこ（女子）が実施され、お友達とのかかわりに重きを置く行動観察の課題は行われませんでした。運動テストでは、2021〜2023年度は足でのグーチョキパーやケンパーなどを行う模倣体操でしたが、例年も同様のレベルで、指示通りに基本的な運動ができるかが見られています。ご家庭、幼稚園(保育園)、

公園での遊びやお手伝い、公共の交通機関を利用した移動など、ごく一般的な日常生活を通して社会性を身につけ、就学までに必要な学力、体力、精神力のバランスよい成長を促しておくことが大切です。2022年度まで考査日前に行われていた親子面接は、2023年度は一次試験合格者のみに実施されました。志望の理由を父親と母親の両方に確かめたり、ときには併願校の有無や、中学受験についての家庭の考え方、姿勢を見る質問が出されています。2024年度は親子面接を行わないと発表されていますが、今までの面接内容を書面で提出する形になりそうですので、特に中学受験に向けたご家庭の考えは、しっかりまとめておきましょう。

対　策

洗足学園小学校は、ペーパーテスト、集団テスト、運動テスト、面接の総合評価で合否の判断をしていましたが、2024年度は親子面接をやめて、一次、二次の考査ともに、集団テストの一環でもある「行動観察」を行うと発表されました。たとえペーパーテストがよくできていても、行動観察などで大きく減点されると合格は難しく、全体的にバランスよく得点することが大切です。ペーパーテストは幅広い項目から問題が出され、常識の項目1つを取り上げても、風、季節、生き物、植物、道徳など多岐にわたります。なお、常識では近年、公共のマナーや道徳心を見る課題が毎年出題されています。日ごろから、バスや電車の中での振る舞いや集団生活のルールなどを意識するようにしましょう。推理・思考も四方図、水の量、重さ比べや対称図形など、幅広い分野から出題されています。難問が多いのも特徴で、基礎をしっかり身につけたうえで、どんな問題にもスムーズに取りかかれる対応力をつけておく必要があります。出題傾向が毎年似ているので、過去の問題をくり返し練習するとよいでしょう。集団テストでは、指示の聞き取りとそれを踏まえた自主性が必要です。色を塗ったり、紙を折ったり、ひもを扱ったりすることが多いので、日常で手先を使う課題に慣れ、しっかりできるようにしておくことが大切です。近年は数人のグループに分かれての共同制作を通じ、手早く行う作業力や周りの子どもたちとのコミュニケーション力も見られています。子どもにより強引なタイプ、恥ずかしがり屋なタイプなど性格的な違いもありますが、少なくとも「一緒に～しない？」や「それ、いいね」などと声をかけ合えるようにしましょう。グループ活動で孤立してしまわないよう、日ごろからできるだけお友達と一緒に過ごす楽しさを体験させ、周囲と自然にかかわれるようにしておきましょう。運動テストでは、模倣体操の出題が続き、集団テストでケンパーやジャンプ、片足バランスなどの指示行動を取り入れた行動観察が行われています。これは、基本的な運動を通じて指示の理解や年齢相応の身体機能の発達を見るという、学校の姿勢の表れといってよいでしょう。また、手本を見る力、自立心やお約束に対する意識も見られているといえます。集団テストや運動テスト時は机に向かうときと違って気分が開放的になりやすいので、指示を聞き逃したり落ち着きをなくしたりしないようにすることも大切です。

年度別入試問題分析表

【洗足学園小学校】

	2023	2022	2021	2020	2019	2018	2017	2016	2015	2014
ペーパーテスト										
話		○	○		○	○		○	○	○
数量	○			○	○			○	○	○
観察力		○						○		
言語	○	○	○	○	○	○				○
推理・思考	○	○	○	○	○	○	○	○	○	○
構成力		○	○	○		○		○	○	
記憶			○					○	○	
常識	○	○	○	○	○	○	○	○	○	○
位置・置換			○							
模写						○	○			○
巧緻性										
絵画・表現										
系列完成	○		○	○		○	○			
個別テスト										
話										
数量										
観察力										
言語										
推理・思考										
構成力										
記憶										
常識										
位置・置換										
巧緻性										
絵画・表現										
系列完成										
制作										
行動観察										
生活習慣										
集団テスト										
話										
観察力										
言語										
常識										
巧緻性	○	○	○	○	○	○	○	○	○	○
絵画・表現	○	○	○	○	○	○	○	○	○	○
制作		○	○	○	○	○		○	○	○
行動観察	○	○	○	○	○	○	○	○	○	○
課題・自由遊び										
運動・ゲーム	○	○	○	○	○	○	○	○	○	○
生活習慣										
運動テスト										
基礎運動										
指示行動										
模倣体操	○	○	○	○	○	○	○	○	○	○
リズム運動										
ボール運動										
跳躍運動										
バランス運動							○			
連続運動										
面接										
親子面接	○	○	○	○	○	○	○	○	○	○
保護者(両親)面接										
本人面接										

※伸芽会教育研究所調査データ

小学校受験Check Sheet

　お子さんの受験を控えて、何かと不安を抱える保護者も多いかと思います。受験対策はしっかりやっていても、すべてをクリアしているとは思えないのが実状ではないでしょうか。そこで、このチェックシートをご用意しました。1つずつチェックをしながら、受験に向かっていってください。

✱ ペーパーテスト編

①お子さんは長い時間座っていることができますか。

②お子さんは長い話を根気よく聞くことができますか。

③お子さんはスムーズにプリントをめくったり、印をつけたりできますか。

④お子さんは机の上を散らかさずに作業ができますか。

✱ 個別テスト編

①お子さんは長時間立っていることができますか。

②お子さんはハキハキと大きい声で話せますか。

③お子さんは初対面の大人と話せますか。

④お子さんは自信を持ってテキパキと作業ができますか。

✱ 絵画、制作編

①お子さんは絵を描くのが好きですか。

②お家にお子さんの絵を飾っていますか。

③お子さんははさみやセロハンテープなどを使いこなせますか。

④お子さんはお家で空き箱や牛乳パックなどで制作をしたことがありますか。

✱ 行動観察編

①お子さんは初めて会ったお友達と話せますか。

②お子さんは集団の中でほかの子とかかわって遊べますか。

③お子さんは何もおもちゃがない状況で遊べますか。

④お子さんは順番を守れますか。

✱ 運動テスト編

①お子さんは運動をするときに意欲的ですか。

②お子さんは長い距離を歩いたことがありますか。

③お子さんはリズム感がありますか。

④お子さんはボール遊びが好きですか。

✱ 面接対策・子ども編

①お子さんは、ある程度の時間、きちんと座っていられますか。

②お子さんは返事が素直にできますか。

③お子さんはお父さま、お母さまと3人で行動することに慣れていますか。

④お子さんは単語でなく、文で話せますか。

✱ 面接対策・保護者（両親）編

①最近、ご家族での楽しい思い出がありますか。

②ご両親の教育方針は一致していますか。

③お父さまは、お子さんのお家での生活や幼稚園・保育園での生活をどれくらいご存じですか。

④最近タイムリーな話題、または昨今の子どもを取り巻く環境についてご両親で話をしていますか。

^{section}
2023 洗足学園小学校入試問題

選抜方法

| 第一次 | 考査は1日で、月齢別、男女別に指定された日時に、ペーパーテスト、集団テスト、運動テストを行う。所要時間は約2時間。 |

| 第二次 | 第一次合格者を対象に、親子面接を行う。所要時間は10〜15分。 |

考査：第一次

ペーパーテスト

筆記用具は鉛筆を使用し、訂正方法は // （斜め2本線）。出題方法は口頭で、一部プロジェクターを使用。

〈4〜6月生まれ〉

1 言語 (しりとり)

・上と下の段を、左から右までそれぞれしりとりでつなぎます。空いている四角に入る絵を真ん中の段から選んで、点と点を線で結びましょう。

2 推理・思考

・左の四角を見てください。二重四角の中に並んでいる棒のうち、丸のついた3本の棒を動かすと、矢印の下の形が作れます。では、右の2つを見てください。二重四角の棒のうち、どの3本を動かすと矢印の下の形が作れますか。動かす棒にそれぞれ○をつけましょう。

3 推理・思考 (重ね図形)

・上の四角を見てください。透き通った紙にかいてある左の絵を、点線のところで矢印の向きに折って重ねると、右のようになります。では、下の2段です。同じように左の絵を点線で矢印の向きに折って重ねると、どのようになりますか。右から選んで、それぞれ○をつけましょう。

4 数量 (マジックボックス)

・一番上の四角がお約束です。太陽や月の箱を通ると、丸の数が変わります。下の空いている四角の中では、丸はいくつになりますか。どのようなお約束かよく考えて、その数だけ四角の中に○をかきましょう。

5 常　識

- 1段目です。ヒマワリが咲く1つ前の様子に○をつけましょう。
- 2段目です。球根で育つものに○をつけましょう。
- 3段目です。足の数が一番多い生き物に○をつけましょう。
- 4段目です。海にすんでいる生き物に○をつけましょう。

6 常識（昔話）

- 上の段です。オニが出てくる昔話に○をつけましょう。
- 下の段です。オオカミが出てくる昔話に○をつけましょう。

〈7～10月生まれ〉

7 言　語

- 名前の最後の音が「ラ」のものに○、「カ」のものに△をつけましょう。

8 系列完成

- それぞれの形の中はいくつかの部屋に分かれていて、黒い部屋の場所が決まりよく次々と変わっています。途中にある黒い部屋のない形は、どのようになりますか。変わり方のお約束を考えて、合うものをそれぞれの下から選んで○をつけましょう。

9 推理・思考（折り図形）

- 左端の折り紙を二重四角の中のように折って開くと、それぞれどのような折り線がつきますか。合う絵を選んで、○をつけましょう。

10 推理・思考

- 上の四角を見ましょう。板にいろいろな大きさの穴が開いています。その右には、大きさの違う5つの玉がありますね。では下の絵を見てください。穴の開いた板がすべり台のように傾いています。ここに5つの玉を大きい順に転がしていきます。穴に玉が入ると落ちて、下の入れ物に入る仕掛けです。では、全部の玉を転がした後、玉が2つ入っている入れ物を選んで、○をつけましょう。

11 常識（季節）

- 左の二重四角のものと同じ季節のものを、それぞれ右から選んで○をつけましょう。

12 常識（交通道徳）

・電車の中で、よくないことをしている子どもに×をつけましょう。

〈11〜3月生まれ〉

13 言 語

・左の列と同じ音で名前が始まるものを、真ん中の列から選んで点と点を線で結びましょう。次に、真ん中の列と同じ音で名前が終わるものを、右の列から選んで点と点を線で結びましょう。

14 推理・思考（水の量）

・上の四角を見ましょう。深いお皿の中に水の入ったコップがあります。そこにビー玉を落とすと矢印の右側のように水の高さが変わり、ビー玉を取りのぞくと次の矢印の右側のように元に戻りました。では、下の絵を見ましょう。水がたくさん入ったコップに大きなビー玉を落とすと、どのようになりますか。右の4つから正しいものを選んで○をつけましょう。

15 推理・思考（四方図）

・小鳥とネコが積み木を見ています。それぞれどのように見えていますか。右から選んで、小鳥から見える様子には○、ネコから見える様子には△をつけましょう。

16 推理・思考（マジックボックス）

・動物が星の箱を通ると、上の四角のように変身します。このお約束のとき、下の段で左の動物が絵のように箱を通っていくと、最後はどの動物になりますか。それぞれの右の四角から選んで、○をつけましょう。

17 常 識

・上の段です。左端の生き物がもう少し大きくなると、どのようになりますか。右から選んで○をつけましょう。
・真ん中の段です。左端の果物と同じ季節になる果物はどれですか。右から選んで○をつけましょう。
・下の段です。左端の花の葉っぱはどれですか。右から選んで○をつけましょう。

18 常 識（昔話）

・上の段です。「ブレーメンの音楽隊」の絵に○をつけましょう。
・真ん中の段です。「オズの魔法使い」の絵に○をつけましょう。
・下の段です。「おむすびころりん」の絵に○をつけましょう。

集団テスト

19 巧緻性・絵画

〈4〜6月生まれ〉

Aヨットと浮き輪が描かれた台紙（穴が開いている）、綴じひも、クーピーペン（ジッパーつきビニール袋の中に紫、青、赤、黒、オレンジ色、緑、茶色、ピンクが入っている）が配られる。

・ヨットを1つ選んで青で薄く塗り、浮き輪を2つ選んでオレンジ色で濃く塗りましょう。

・台紙を裏返してください。かいてある線を顔にして、お誕生日に欲しいものをもらったときのあなたの顔を描きましょう。時間がある人は、周りに好きなものを描いてもよいですよ。

・太陽のマークと番号が表になるようにして、上と下の穴が重なるように台紙を半分に折り、穴にひもを通してチョウ結びにしましょう。

〈7〜10月生まれ〉

B点線で2つの図形、実線でTシャツ、半ズボン、帽子が描かれた台紙（穴が開いている）、綴じひも、クーピーペン（ジッパーつきビニール袋の中に紫、青、赤、黒、オレンジ色、緑、茶色、ピンクが入っている）、鉛筆が配られる。

・点線の形を鉛筆でなぞりましょう。

・Tシャツを1つ選んで青で薄く塗り、帽子を2つ選んで赤で濃く塗りましょう。

・台紙を裏返してください。かいてある線を顔にして、楽しいところに行ったときのあなたの顔を描きましょう。時間がある人は、周りに好きなものを描いてもよいですよ。

・太陽のマークと番号が表になるようにして、上と下の穴が重なるように台紙を半分に折り、穴にひもを通してチョウ結びにしましょう。

〈11〜3月生まれ〉

C点線で2つの図形、実線で雷と雲と雨のしずくが描かれた台紙（穴が開いている）、綴じひも、クーピーペン（ジッパーつきビニール袋の中に紫、青、赤、黒、オレンジ色、緑、茶色、ピンクが入っている）、鉛筆が配られる。

・点線の形を鉛筆でなぞりましょう。

・雷を1つ選んで青で薄く塗り、雨のしずくを3つ選んでオレンジ色で濃く塗りましょう。

・台紙を裏返してください。かいてある線を顔にして、雨がやんで晴れたときのあなたの顔を描きましょう。時間がある人は、周りに好きなものを描いてもよいですよ。

・太陽のマークと番号が表になるようにして、上と下の穴が重なるように台紙を半分に折

り、穴にひもを通してチョウ結びにしましょう。

20 行動観察（謎解きゲーム）〈4～6月生まれ〉

4～6人のグループに分かれて行う。

・自分の名札にある動物と同じ絵カード（パンダ、キリン、ウサギ、オットセイ、カバ）のフープの周りに集まりましょう。

・3色の封筒が置いてあります。封筒を開けると、中から6枚のカードが出てきます。それぞれのカードに描いてある絵の最初の音をつないでいくと、1つの言葉ができあがります。（プロジェクターで太鼓、マント、ゴミの絵カードを見せ、最初の音をつなげると卵になるといった説明がある）では、まず青い封筒の中のカードを出します。グループのみんなで相談して、何という言葉ができるかわかったら、代表の1人が手を挙げて先生に知らせてください。先生に「正解です」と言われたら、次の問題にチャレンジできます。青い封筒、黄色い封筒、赤い封筒の順番に開けていきましょう。もし、黒丸のカードが出たら「ン」と読んでください。

📫 行動観察（ジェスチャー遊び）〈7～10月生まれ〉

4～6人のグループに分かれて行う。

・自分の名札にある動物と同じ絵カード（ヒツジ、イヌ、シカ、カンガルー、ウシ）のフープの周りに集まりましょう。

・グループの中でキャプテンを1人決め、キャプテンは先生のところに行って封筒をもらいましょう。封筒の中の絵カードを見て、グループ全員でジェスチャーを考え、ほかのグループのお友達に見せて当ててもらいましょう。（絵カードの例：「サルが縄跳びしているところ」「ウサギが納豆を食べているところ」「タヌキがバナナの皮をむいているところ」「ゾウが掃除をしているところ」「ネコがバイオリンを弾いているところ」「ゴリラがお化けを怖がっているところ」など）

📫 行動観察（共同パズル）〈11～3月生まれ〉

4～6人のグループに分かれて行う。

・自分の名札にある動物と同じ絵カード（アヒル、イヌ、サル、ライオン、イルカ）のフープの周りに集まりましょう。

・2枚の封筒が置いてあります。まず白い線のある封筒の中からパズル10枚（うち1枚はダミー）を出して、みんなで協力してフープの中に完成させましょう。できあがったら、みんなでその動物の名前を5文字で考えましょう。名前が決まったら、みんなで黙って手を挙げてください。先生がみんなのところに行くので、その動物の名前を教えてください。（できた順から発表する）

・次に赤い線のある封筒の中からもパズル10枚（うち1枚はダミー）を出して、みんな

で協力してフープの中に完成させましょう。できあがった乗り物に乗ってどこに行きたいかをみんなで考え、行きたい場所が決まったらみんなで黙って手を挙げてください。先生がみんなのところに行くので、その行きたい場所を教えてください。（できた順から発表する）

行動観察（ジャンケンゲーム）

2チームに分かれてジャンケンゲームをする。テスターのお手本を見てから始め、2、3回くり返す。

・各チーム1人ずつスタートし、両手を真っすぐ上げたまま黒い線まで歩きましょう。黒い線まで来たら、バツ印まで両足ジャンプ（7～10月生まれのみケンパー）で進みます。その後は白い線の上を歩いて机まで進み、机を挟んで反対側から来た相手チームのお友達とジャンケンをしましょう。勝ったらティッシュペーパーを1枚取って丸め、机の横の自分のチームの色のカゴに入れます。あいこや負けのときは、何もしません。次にフープまで進んで中に入り、「始め」の合図で目を閉じて片足を上げます。先生が「か・た・あ・し・チャ・レ・ン・ジ」と言っている間、そのまま片足バランスで頑張りましょう。先生に「成功！」と言われたら、机に戻ってティッシュペーパーを1枚取って丸め、自分のチームのカゴに入れます。終わったら、自分のチームの列の後ろに並びましょう。前の人が終わったら、合図がなくても次の人がスタートしてください。「やめ」と言われるまでどんどん続けましょう。

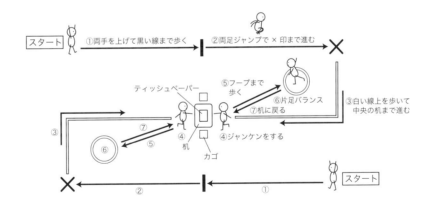

運動テスト

模倣体操

2つのプロジェクターから、お手本や指示が出される。
〈4～6月生まれ〉
・音楽に合わせて、その場で両足ジャンプ（まず普通のテンポ、その次に遅いテンポで）、

２回ずつ左右のケンケン、ケンケンパーを行う。

〈７〜10月生まれ〉

・音楽に合わせて、その場で両足ジャンプ、足でグーパーグーパー、グーチョキパーを行う。

〈11〜３月生まれ〉

・音楽に合わせて、その場で両足ジャンプ（まず普通のテンポ、その次に遅いテンポで）、２回ずつ左右のケンケン、パーケンパーを行う。

考査：第二次

親 子 面 接

本 人

・お名前と生年月日（年齢）を教えてください。

・この学校の名前を知っていますか。知っていたら教えてください。

・この学校に来たことはありますか。（公開授業で面白かった授業についてなど、発展あり）

・今日はここまでどうやって来ましたか。（電車の路線など、発展あり）

・ここまで来るときに、家族とどんなお話をしてきましたか。

・この小学校に来て思ったことは何ですか。（発展あり）

・好きな動物は何ですか。

・お父さん（お母さん）の好きな動物（好きな食べ物、嫌いな食べ物など）は何ですか。今、聞いてみてもよいですよ。

・お母さん（お父さん）に似合う色は何色だと思いますか。それはどうしてですか。

・お家で生き物を飼っていますか。飼いたいペットはありますか。（発展あり）

・幼稚園（保育園）ではどんなことをして遊びますか。（発展あり）

・お友達の名前を教えてください。お友達とどんなことをして遊びますか。（発展あり）

・先生とは何をしますか。

・先生から「お手伝いをしてください」と言われますか。どんなお手伝いですか。（発展あり）

・お休みの日は、家族で何をしていますか。

・お父さん（お母さん）とは何をして遊びますか。（発展あり）

・最近、お父さん（お母さん）にほめられたこと（しかられたこと）は何ですか。

・この学校ではいっぱいお勉強をしますが、お勉強は好きですか。（発展あり）

・お勉強はいつも誰としますか。（何を教えてもらったか、難しくてわからないときはど

うするかなど、発展あり)

・お母さんは厳しいですか。

・お母さんが作るお料理で好きなものは何ですか。なぜ好きなのですか。(一緒に作るか、作り方や、作るときに気をつけたり工夫したりするところはあるかなど、発展あり)

・お家でお手伝いは何をしていますか。そのお手伝いではどんなことに気をつけていますか。そのお手伝いのどんなところが難しいですか。(発展あり)

・どんな本を読んでいますか。

・この小学校に入ったら何をしたいですか。それはどうしてですか。(発展あり)

・この小学校について、お父さんやお母さんとお話ししたことはありますか。(発展あり)

父　親

・本校を知ったきっかけを教えてください。

・志望理由をお話しください。

・学校説明会(もしくは行事)の印象はいかがでしたか。

・本校の特色は何だと思われますか。

・小学校受験を決めた時期はいつでしたか。

・併願校はどちらですか。

・中学校受験について、どのようにお考えですか。

・お父さまは中学校受験を経験されていますが、中学校受験のメリットは何だと思いますか。

・受験準備をする中で、お子さんが成長した点はどのようなところですか。

・ご職業についてお話しください。

・忙しい中、お子さんとどのように時間を過ごしていますか。

・緊急時にお迎えは可能ですか。

母　親

・学校説明会(もしくは行事)の印象はいかがでしたか。

・公開授業で気になった授業はありますか。

・小学校受験をしようと決めたきっかけは何ですか。

・幼児教室に通っていますか。どちらの教室ですか。何か大変だったことはありますか。

・ご家庭での小学校受験のサポートで、注意した点は何ですか。

・中学校受験について、どのようにお考えですか。

・今後、お仕事をされる予定はありますか。

・本校の教育や生活でお子さんに合いそうなことは何ですか。

・サポートしてくれる人について、アンケートに祖父母とありますが、緊急の対応も可能ですか。

2023
2022
2021
2020
2019
2018
2017
2016
2015
2014

・子育てで大切にしていることは何ですか。

・最近お子さんをほめた（しかった）のは、どのようなことでしたか。

面接資料／アンケート 面接当日、控室でアンケートに記入して提出する。

・名前、受験番号。

・両親の勤務日（曜日／不定期など選択式）。

・父母の受験の経験（小／中／高／大学など選択式）。

・本校をどのようにして知ったか（友人／Ｗｅｂ／幼児教室など選択式）。

・来校機会、回数（行事／説明会など参加経験を選択式、回数を記入）。

・本校を受験すると決めた時期（年少／年中など選択式）。

・小学校受験のための準備期間、幼児教室に通い始めた時期。

・子どもの生活状況（習い事、好きな遊び、興味のあることなど）。

・読書状況（好きな絵本名を記入、読み聞かせの有無、1週間の読み聞かせの冊数は選択式）。

・サポートをしてくれる人（祖父母／シッター／近隣の方など選択式）。

・そのほか、入学前に学校に伝えたいこと。

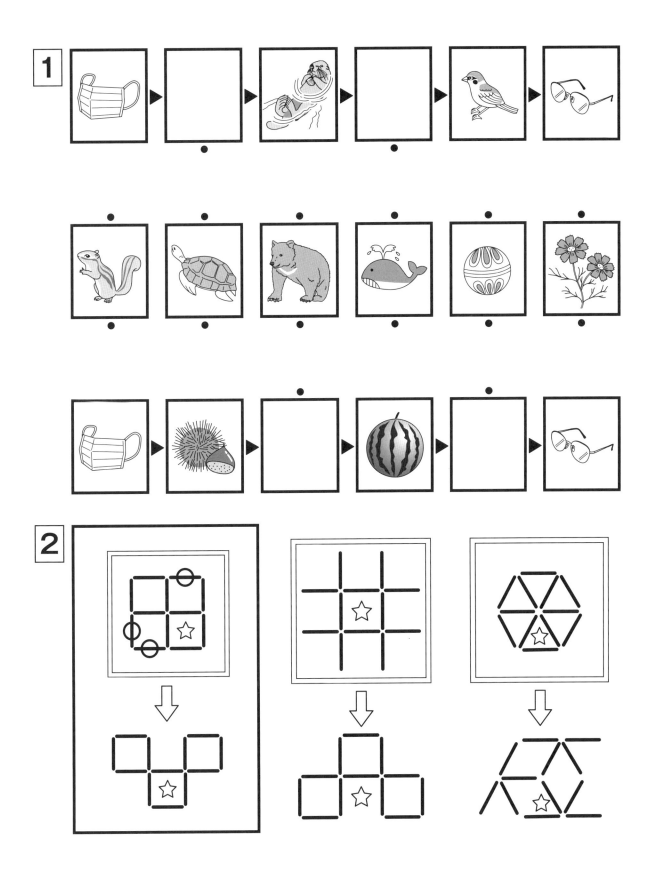

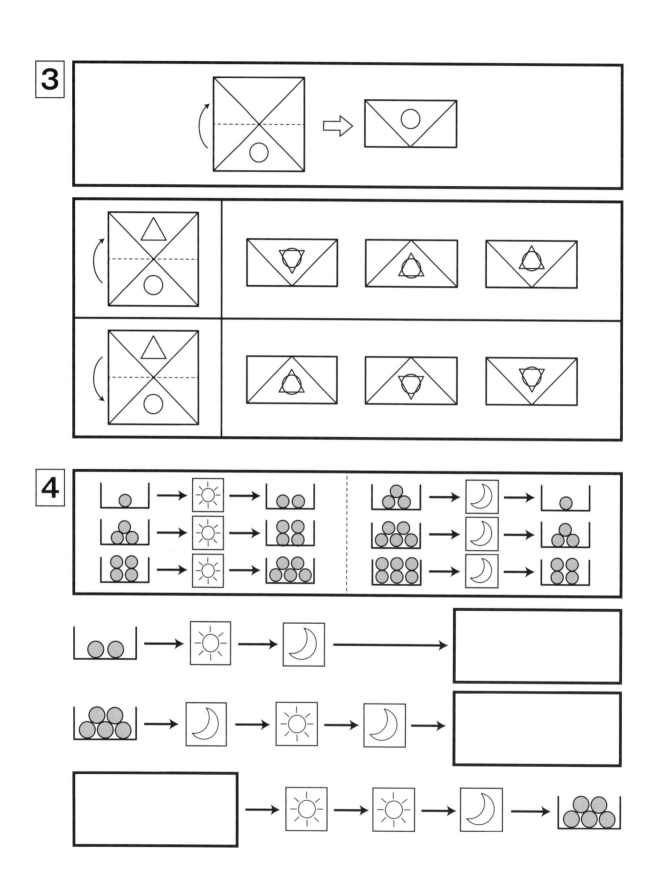

5

6

7

8

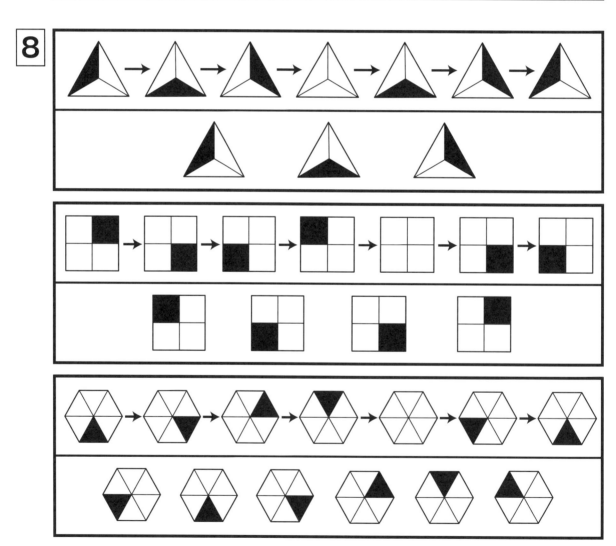

9

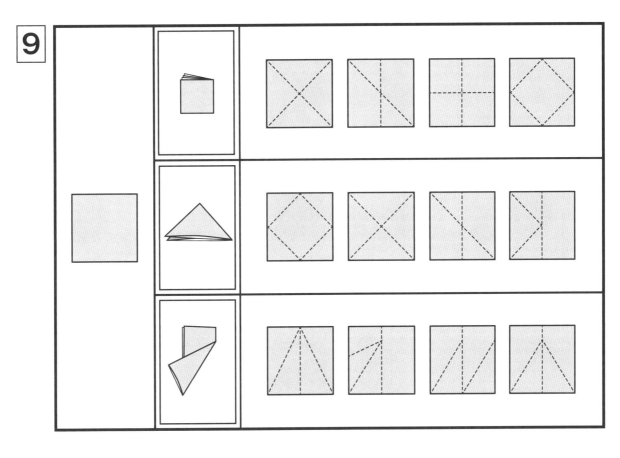

10

11

12

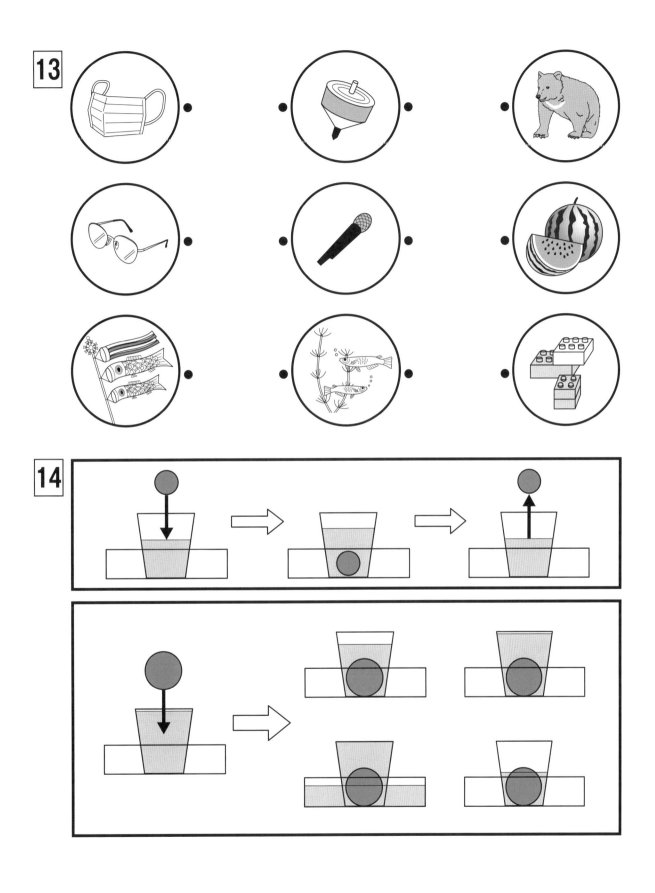

15

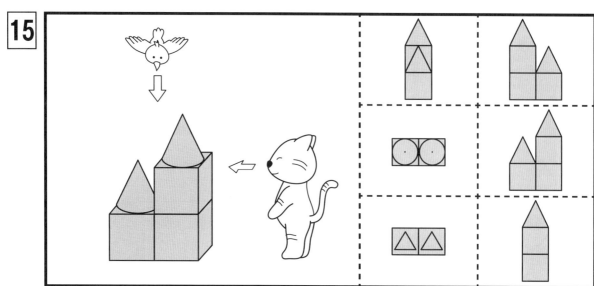

16

17

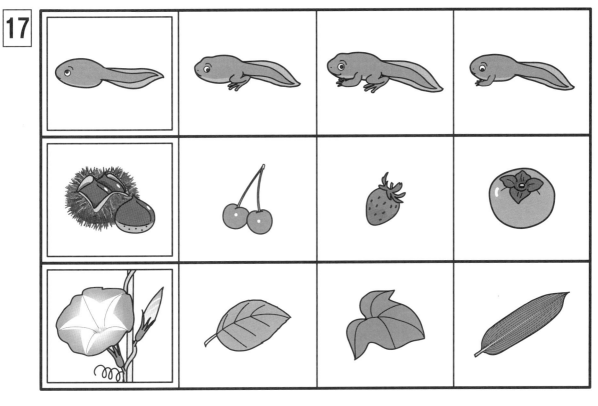

18

19 — A

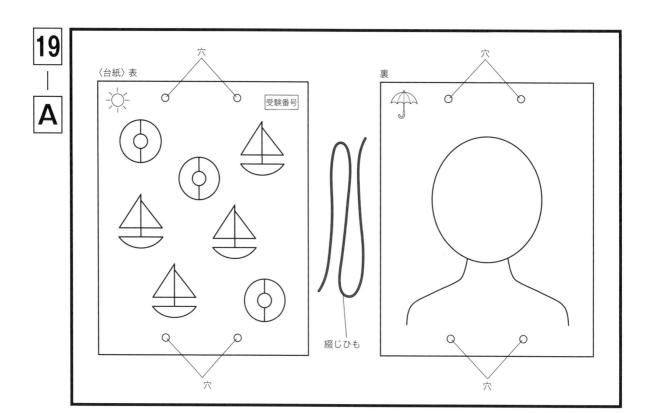

B

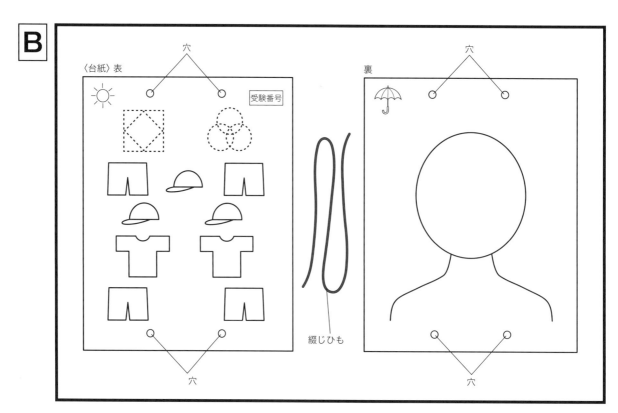

19 -C

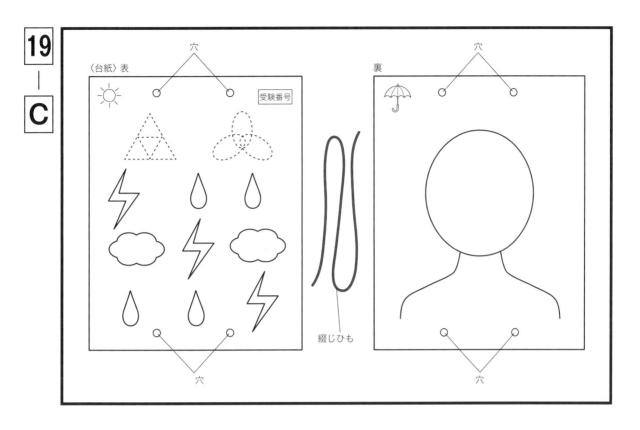

20

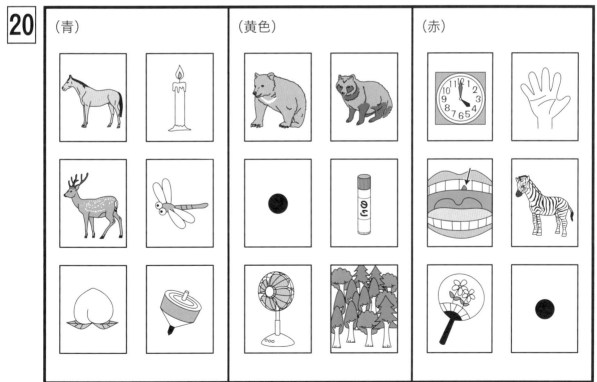

2023
2022
2021
2020
2019
2018
2017
2016
2015
2014

section
2022 洗足学園小学校入試問題

■ 選抜方法

考査は2日間で、1日目に男子、2日目に女子を行う。ペーパーテスト、集団テスト、運動テストを行う。所要時間は約2時間。考査日前（出願時に希望日を選択）に親子面接がある。

┃ ペーパーテスト

筆記用具は鉛筆を使用し、訂正方法は //（斜め2本線）。出題方法は話の記憶のみ音声で、ほかは口頭。

〈男子〉

1 推理・思考（四方図）

・小鳥、イヌ、クマが積み木を見ています。それぞれの動物から積み木はどのように見えますか。小鳥、イヌ、クマの顔の横から選んで○をつけましょう。

2 常　識

・上の段です。左に描いてあるものの幼虫に○をつけましょう。
・真ん中の段です。左に描いてある花と、同じ季節に咲く花に○をつけましょう。
・下の段です。左に描いてある生き物の足跡に○をつけましょう。

3 推理・思考（重ね図形）

・透き通った紙にかかれた絵があります。縦に並んだ2枚をそのままの向きでずらして重ねると、それぞれどのようになりますか。下から選んで、点と点を線で結びましょう。

4 言語（しりとり）

・上の絵を左から右までしりとりでつなぐとき、間の四角に入るものはどれですか。下の絵から選んで、点と点を線で結びましょう。

5 観察力

・上です。いろいろな車が並んでいますね。救急車と消防車を入れ替えるとどうなりますか。正しいものを下から選んで、左側の四角に○をかきましょう。
・下です。今度はいろいろな果物が並んでいますね。リンゴとブドウを入れ替えるとどうなりますか。正しいものを下から選んで、左側の四角に○をかきましょう。

6 推理・思考（進み方）

1問目は例題として一緒に行う（実際はスクリーンに映し出された絵を見ながら行った）。

・上のマス目を見ましょう。左下のイヌが、同じ進み方をくり返して右上のお家まで行きます。左側の矢印のうち、どの進み方をくり返すとよいですか。真ん中の「右・上」という進み方を3回くり返すと、イヌはお家まで行けますね。やり方はわかりましたか。

・リンゴのところです。左側の矢印のうち、どの進み方をくり返すと、ウサギはお家まで行けますか。その進み方に○をつけましょう。

・ブドウのところです。左側の矢印のうち、どの進み方を3回くり返すと、タヌキは木にぶつからずにお家まで行けますか。その進み方に○をつけましょう。

[7] 常識（道徳）

・図書室で、よくないことをしている人に×をつけましょう。

[8] 常識・言語

いろいろなものの絵がありますね。

・切るときに使うものに○をつけましょう。

・お掃除のときに使うものに×をつけましょう。

・「お」で始まる名前のものに△をつけましょう。

〈女子〉

[9] 推理・思考

・左側の2つの線や形を、どのようにくっつけたり重ねたりしても作れないものを、右から選んで○をつけましょう。ただし、線や形の向きは変えてもよいですが、裏返してはいけません。リンゴ、ブドウ、バナナのところを3つともやりましょう。

[10] 推理・思考（水の量）

・5つの同じコップに水が入っています。角砂糖を2つずつ入れてかき混ぜたとき、水が一番甘くなるコップに○をつけましょう。

[11] 常　識

・上の段です。幼虫のとき水の中にすむ生き物に○をつけましょう。

・下の段です。4つの四角が並んでいます。左の四角から順番に春、夏、秋、冬と季節の通りになるように、それぞれの四角から絵を1つずつ選んで線でつなぎましょう。

[12] 推理・思考（四方図）

・イヌとネコが積み木を見ています。それぞれどのように見えますか。下から選んで、イヌから見た様子には○、ネコから見た様子には△をつけましょう。

13 話の理解

・キツネがお家まで帰ります。キツネはまず、リンゴが一番少ない道を通り、次はリンゴが多い方の道を通ってお家に着きました。キツネが着いたお家に×をつけましょう。

14 言語（同頭語）

・名前が「タ」の音で始まるものに○をつけましょう。

15 常　識

・1段目です。おはしを持つとき、あなたはどのように持ちますか。○をつけましょう。
・2段目です。電車を待つとき、あなたはどのように待ちますか。○をつけましょう。
・3段目です。横断歩道を渡ろうとしたときに青信号がチカチカしたら、あなたはどうしますか。○をつけましょう。

16 構　成

・左上の三角を8つ使ってできる形に○をつけましょう。

17 常識（交通道徳）

・電車の中で、よくないことをしている人に×をつけましょう。

■ 集団テスト ｜ ペーパーテストに引き続き、同じ席で行う。鉛筆はそのまま使用する。

18 巧緻性・絵画（男子）

点線の星と雲、実線の星と雲と月が描かれた台紙（穴が開いている）、綴じひも（茶色）、クーピーペン（ジッパーつきビニール袋の中に紫、青、黒、オレンジ色、緑、茶色、ピンクが入っている）が配られる。
・点線の星と雲を鉛筆でなぞりましょう。
・月を1つピンクで薄く塗り、星を2つ青で濃く塗りましょう。ただし、点線をなぞったものは塗ってはいけません。
・台紙を裏返してください。かいてある線を顔にして、降っていた雨がやんで、虹が出たときのあなたの顔を描きましょう。時間がある人は、周りに好きなものを描いてもよいですよ。
・太陽のマークと番号が表になるようにして、上と下の穴が重なるように台紙を半分に折り、穴に茶色のひもを通してチョウ結びにしましょう。

19 巧緻性・絵画（女子）

点線の木と花、実線の木と花と葉が描かれた台紙（穴が開いている）、綴じひも（茶色）、クーピーペン（ジッパーつきビニール袋の中に紫、青、黒、オレンジ色、緑、茶色、ピンクが入っている）が配られる。

・点線の木と花を鉛筆でなぞりましょう。

・好きな葉っぱを1つ選んで青で薄く塗り、次に好きな木を2つ選んでオレンジ色で濃く塗りましょう。ただし、点線をなぞったものは塗ってはいけません。

・台紙を裏返してください。かいてある線を顔にして、花が咲いてうれしいときのあなたの顔を描きましょう。時間がある人は、周りに好きなものを描いてもよいですよ。

・太陽のマークと番号が表になるようにして、上と下の穴が重なるように台紙を半分に折り、穴に茶色のひもを通してチョウ結びにしましょう。

制作・行動観察（ケン玉作り・ケン玉ゲーム）（男子）

紙コップ、アルミホイル、タコ糸、丸いシール2枚が配られる。

・アルミホイルにタコ糸をシールで貼りつけ、シールが見えないようにアルミホイルでくるんで玉を作ります。タコ糸のもう一方の端を紙コップの底にシールで留めて、ケン玉を作ります。みんなができてから一緒に遊ぶので、早くできた人は、紙コップにクーピーペンで模様を描いて待ちましょう。

・（全員が作り終わったら2チームに分かれる）立って10秒間ケン玉に挑戦しましょう。玉を紙コップに入れることができたら座ります。（10秒後）座っている人が多いチームが勝ちですよ。

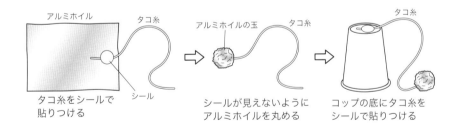

制作・行動観察（お面作り・変身ごっこ）（女子）

紙皿2枚、ストロー2本、折り紙3枚、モール3本、長四角のシール6枚が配られる（材料の色は各自異なる）。

・紙皿の裏側にストローをシールで貼りつけて、手で持てるようにします。その後、好きな材料を使って、紙皿が動物の顔になるようにお面を作りましょう。早くできた人は、もう1つ作ってもよいですよ。

・（全員が最低1つ作り終わったら）席が前の人から順番に立って、ストローのところを

持って顔にあて、声を出さずに動物に変身します。まず、先生の方を向いて動物のまねをした後、お友達の方を向いて同じように見せましょう。

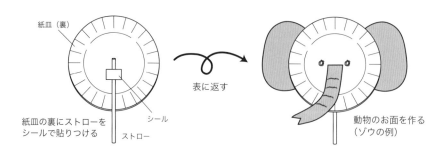

紙皿（裏）
シール
紙皿の裏にストローを
シールで貼りつける
ストロー
表に返す
動物のお面を作る
（ゾウの例）

🔲 行動観察（ジャンケンゲーム）（男子）

2チームに分かれてジャンケンゲームをする。

・各チーム1人ずつスタートし、頭の上で手をパチパチとたたきながら真っすぐ歩きます。印まで来たら、フープまではケンパーで進みます。フープの中にグーの足で立ち、ジャンプで机の方に体の向きを変えたら、両手を横に真っすぐ広げ、そのまま机まで線の上を歩きます。反対側から来た相手チームのお友達と、机を挟んで片足バランスをしたままジャンケンをしましょう。勝ったらティッシュペーパーを1枚取って丸め、机の下の自分のチームの色のカゴに入れて、列に戻り後ろに並びます。あいこや負けのときは、何もせずに列の後ろに戻りましょう。

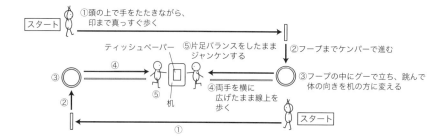

🔲 行動観察（ジャンケンゲーム）（女子）

2チームに分かれてジャンケンゲームをする。

・各チーム1人ずつスタートし、頭の上で手をパチパチとたたきながら真っすぐ歩きます。印まで来たら、枠まではグーパーで進みます。枠の中にグーの足で立ち、ジャンプで机の方に体の向きを変えたら、机まで線の上を大股で歩きます。反対側から来た相手チームのお友達と、机を挟んで片足バランスをしたままジャンケンをしましょう。勝ったらティッシュペーパーを1枚取って丸め、机の下の自分のチームの色のカゴに入れて、列に戻り後ろに並びます。あいこや負けのときは、何もせずに列の後ろに戻りましょう。

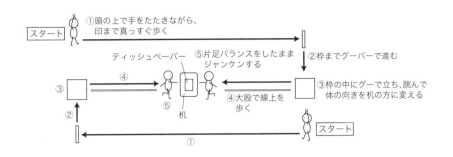

運動テスト

模倣体操（男女共通）

壁に映し出されたお手本の映像を見ながら行う。音楽に合わせて、その場で両足ジャンプ、グーパージャンプ、ケンパー、足でグーチョキパーなどをする。（ゆっくりしたテンポから、徐々に速くなる）

親 子 面 接

本 人

- ・お名前と生年月日を教えてください。
- ・この学校の名前を知っていますか。知っていたら教えてください。
- ・この学校に来たことはありますか。どんなときに来ましたか。
- ・この小学校に入ったら何をしたいですか。それはどうしてですか。
- ・住所を教えてください。
- ・今日はここまでどうやって来ましたか。（何線に乗って来ましたかなど、発展あり）
- ・お家の近くの駅の名前は知っていますか。
- ・最近、電車に乗りましたか。
- ・ここまで来るのは遠かったですか。通えそうですか。
- ・幼稚園（保育園）の担任の先生の名前、クラスの名前を教えてください。
- ・幼稚園（保育園）ではどんなことをして遊びますか。誰と一緒にどんな遊びをしていますか。（発展あり）
- ・お友達の名前を教えてください。女の子（男の子）のお友達もいますか。
- ・幼稚園（保育園）でお友達とはけんかをしますか。お友達がけんかをしていたらどうしますか。
- ・お父さん（お母さん）とは何をして遊びますか。

- お父さん（お母さん）の好きなところはどんなところですか。
- お父さん（お母さん）とはどんなことを話しますか。
- お手伝いは何をしていますか。そのお手伝いではどんなことに気をつけていますか。どんなところが難しいですか。
- 普段、お料理は誰がしますか。お父さんのお料理とお母さんのお料理のどちらがおいしいですか。
- お母さんが作るお料理で好きなものは何ですか。それは一緒に作りますか。（作り方や、気をつけたり工夫したりするところはどんなところですかなど、質問が発展する）
- 朝ごはんは何を食べてきましたか。
- 好きな食べ物は何ですか。嫌いな食べ物は何ですか。（質問が発展する）
- お父さん（お母さん）の好きな食べ物（動物、本など）は何か、知っていますか。知らなければ今、聞いてみてください。
- 最近、お父さん（お母さん）にほめられたこと（しかられたこと）は何ですか。
- 家族の中で、怒ると一番怖いのは誰ですか。
- 誕生日プレゼントに欲しいものは何ですか。
- お勉強はしていますか。大変ですか。いつも誰と勉強しますか。

父　親

- 本校を志望されたのはなぜですか。
- 私立の小学校に入学させることについて、どう考えていらっしゃいますか。
- 本校にはいらっしゃいましたか。何の行事に参加されましたか。どのように感じられましたか。
- 本校のほかに何校くらい受けていらっしゃいますか。その学校も中学受験を意識した学校ですか。
- ご自身に中学受験の経験はありますか。マイナスの要素はあると思いますか。
- 幼稚園（保育園）でのお子さんの様子を知っていますか。
- コロナ禍で遊ぶことが難しい時期は、どのようにしてお子さんと遊びましたか。
- 忙しい中、どのようにお子さんとコミュニケーションをとっていますか。
- 最近のお子さんとの会話の中で、印象に残っていることはありますか。
- お子さんはどのような性格ですか。
- お子さんは、お父さんのことをどのように思っていると思いますか。
- お子さんとお父さんは、どのようなところが似てきたと思いますか。
- 社会のリーダー像とは何でしょうか。

母　親

- 本校には何回いらっしゃいましたか。参加された行事で印象に残っていることは何です

か。
・どのようにして本校をお知りになりましたか。
・ごきょうだいは公立の学校ですが、今回、私立を希望されたのはどうしてですか。
・お仕事をされていますが、送り迎えはどうされますか。サポートしてくれる方はいらっしゃいますか。
・ご両親（祖父母）との関係はいかがですか。
・学校からの緊急の連絡にはすぐに対応できますか。
・お子さんのよいところはどのようなところですか。
・お子さんはどのような性格ですか。
・お子さんにはどのようなお手伝いをさせていますか。
・子育てで気をつけていることは何ですか。
・習い事はどのようなことをしていますか。
・本校のコロナ対策についてどのように感じられましたか。
・どこの幼児教室に通われましたか。その中でお子さんはどのように成長されましたか。

面接資料／アンケート

Ｗｅｂ出願後に、入試説明会で配付された親子面接資料に下記項目を記入して郵送する。親子面接資料はホームページからもダウンロードできる。

・志望理由。
・家庭の教育方針。
・子どもの性格。
・子どもの生活状況（好きな遊びなど）。
・子どもの健康状況、そのほか。

1

2

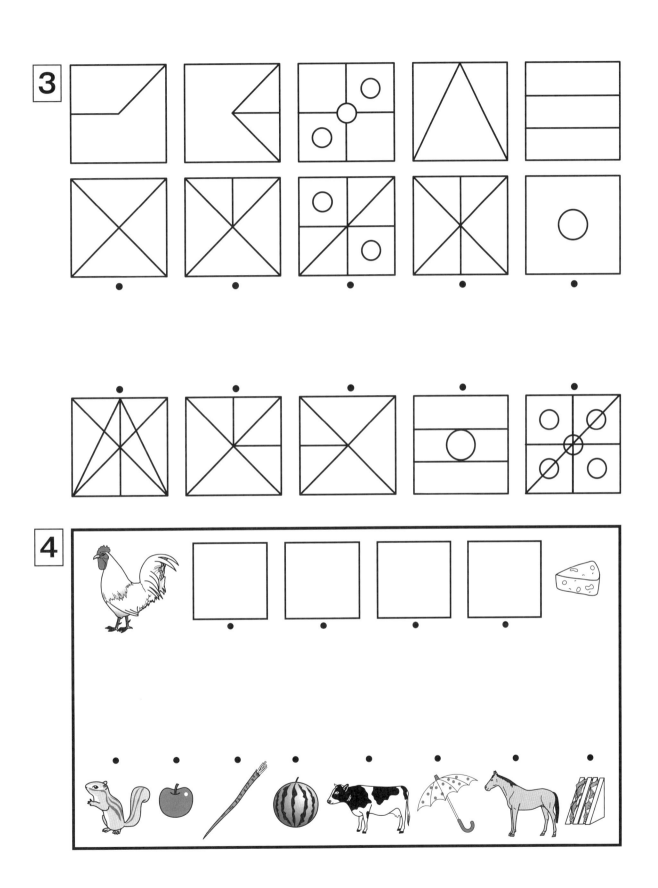

5

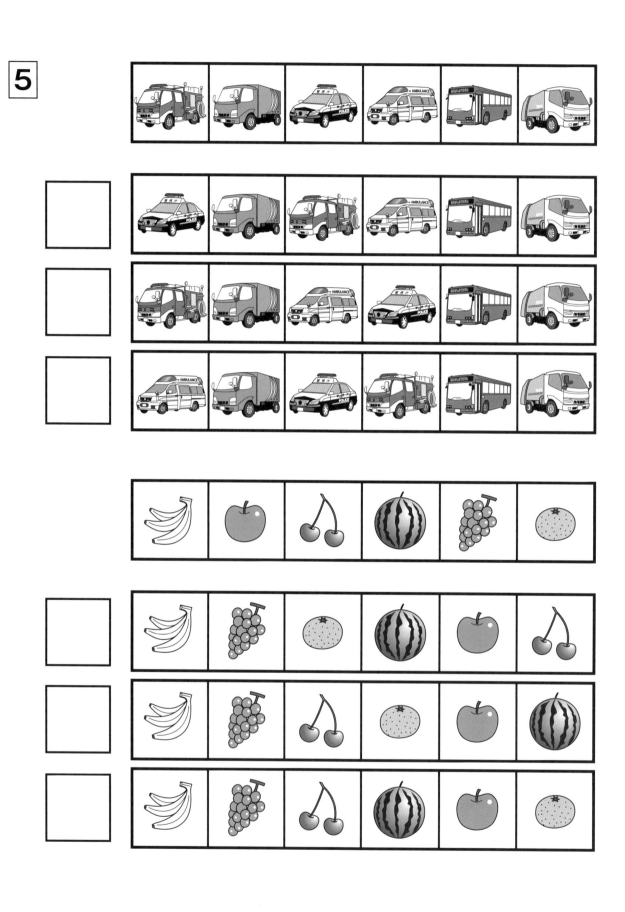

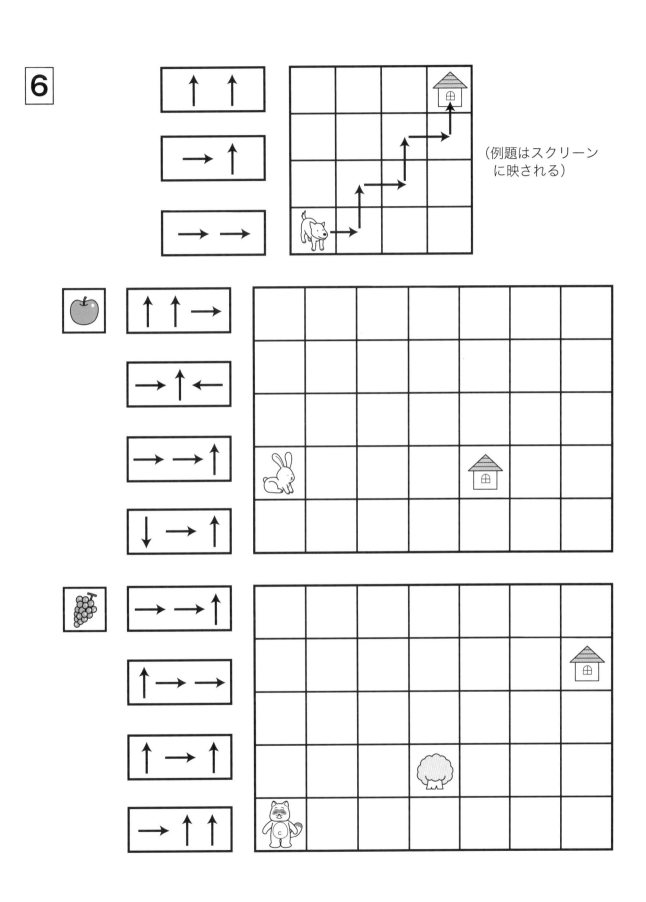

（例題はスクリーン
に映される）

7

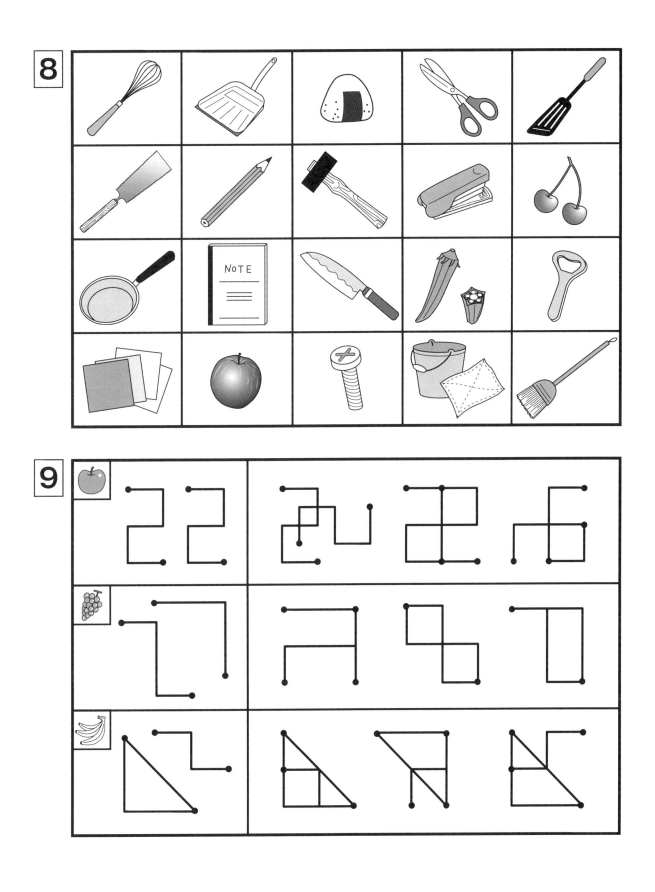

10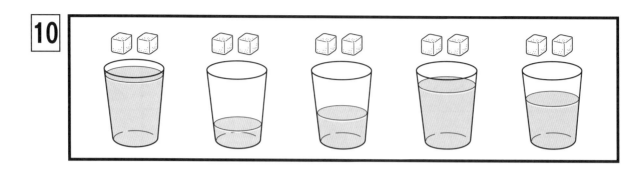

11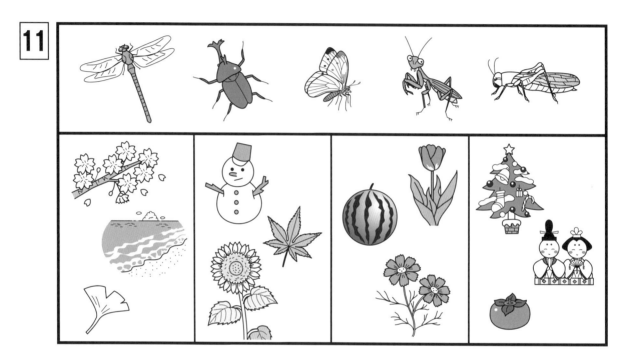

12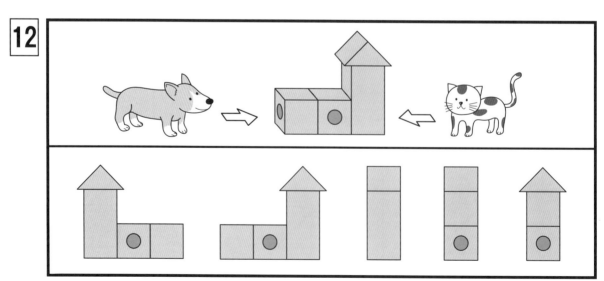

13

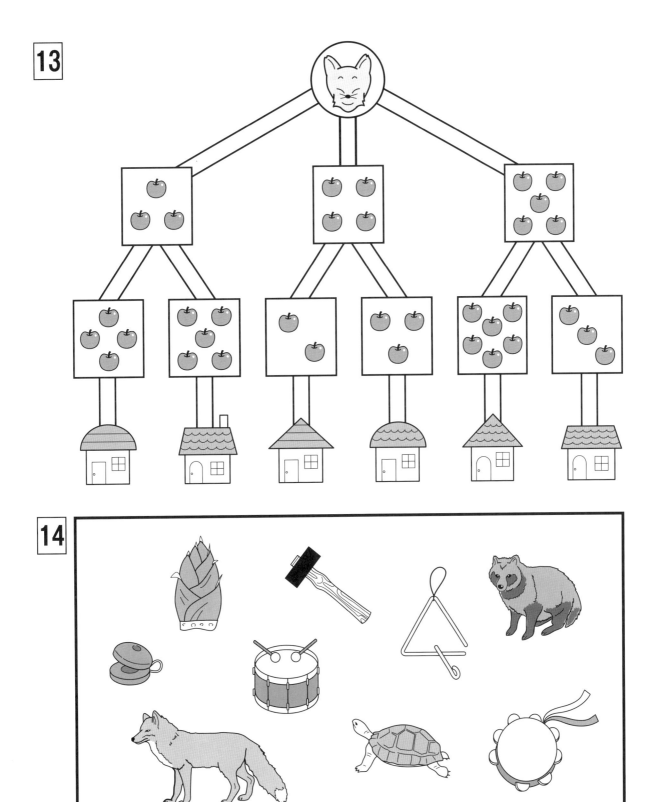

14

15

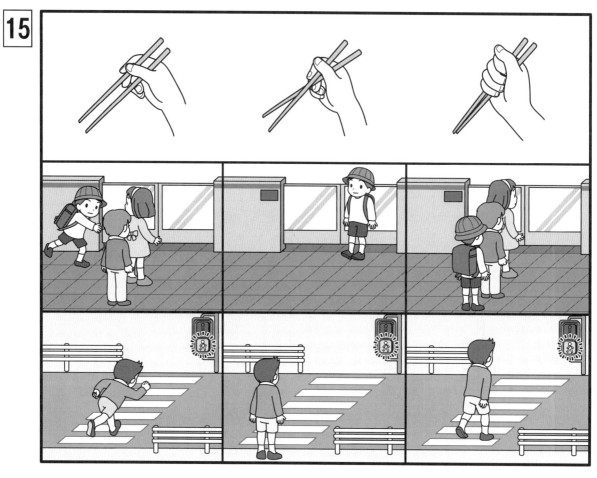

16

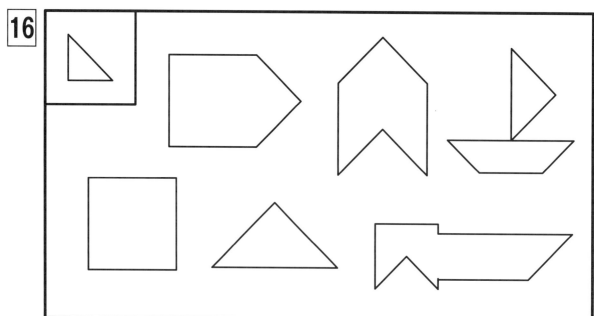

17

18

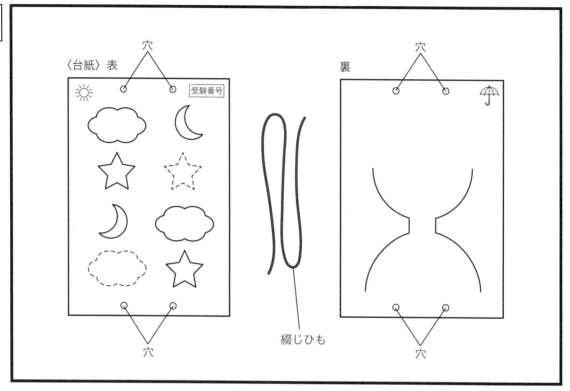

19

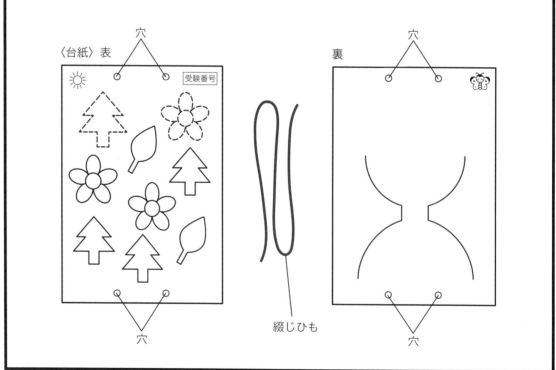

section
2021 洗足学園小学校入試問題

■ 選抜方法

考査は2日間で、1日目に男子、2日目に女子を行う。ペーパーテスト、集団テスト、運動テストを行う。所要時間は約2時間。考査日前（出願時に希望日を選択）に親子面接がある。

■ ペーパーテスト

筆記用具は鉛筆を使用し、訂正方法は // （斜め2本線）。出題方法は話の記憶のみ音声で、ほかは口頭。

〈男子〉

1 言　語

・左上の「木」から右上の「アスパラガス」まで、名前の音の数が1つずつ増えていくように、道の間に線を引いて絵をつなぎましょう。

2 系列完成

・星の模様が決まりよく並んでいます。ウシとブタの四角にはどの模様が入りますか。それぞれ真ん中にかいてある4つの模様の中から選んで、ウシの四角に入るものに○、ブタの四角に入るものに×をつけましょう。

3 位置・記憶

上の絵を20秒見せた後隠し、下のマス目を見せる。

・こけしがあったところの左のマス目に×をかきましょう。
・クロッカスがあったところの右のマス目に○をかきましょう。

4 常　識

・上です。夏の花に○をつけましょう。
・真ん中です。左側の生き物が大人になったときの様子はどれですか。右側から選んで、点と点を線で結びましょう。
・下です。アゲハチョウの卵に○をつけましょう。

5 推理・思考

・タコとペンギンとカメの人形を、同じだけ水が入った同じ水槽に2匹ずつ入れると、下の絵のようになりました。タコとペンギンとカメのうち、一番大きいものに○、一番小さいものに×をつけましょう。印は上の四角の絵につけてください。

6 構　成

　　・左側の四角の中から形を3つ使って、右の形を作ります。使う形を3つ選んで○をつけましょう。

7 推理・思考（展開図）

　　・それぞれの段の左にあるサイコロを切り開いて平らにすると、どのようになりますか。正しいものを右側から選んで○をつけましょう。

8 常識（交通道徳）

　　・電車の中やホームの様子の絵があります。この中で、よくないことをしている人の絵に○をつけましょう。

9 言　語

　　・上の段です。「とる」ということをしている絵に○をつけましょう。
　　・下の段です。「あげる」ということをしている絵に○をつけましょう。

〈女子〉

10 常識（交通道徳）

　　・道路の様子の絵があります。この中で、よくないことをしている人の絵に✕をつけましょう。

11 常　識

　　・上の段です。春によく見かける虫に○をつけましょう。
　　・下の段です。木になるものに○をつけましょう。

12 構　成

　　・左端の形は、上の三角をいくつ使うとできますか。その数だけ、右側の長四角に○をかきましょう。

13 言語（しりとり）

　　・描かれているものの名前を、左から右までしりとりでつなげます。それぞれの段で、空いているところに入るものを下の四角の中から選んで、ブドウの段のものには✕、リンゴの段のものには○をつけましょう。

14 推理・思考（ひも）

・2人の男の子が同時にひもの端と端を引っ張ったとき、結び目ができる絵に○をつけましょう。

15 話の記憶

「ある日曜日、いちろう君はお姉さんと一緒に2階のお部屋で遊んでいました。いちろう君が『海の絵を描いたんだ。お姉ちゃん、見て』と言って、遠くに島が描いてあり、海にはヨットが浮かんでいて、空に3羽の鳥が飛んでいる絵をお姉さんに見せました。お姉さんは『とても上手に描けているわね』とほめてくれました。その後、2人は絵本を読み始めました。いちろう君は『あかずきん』、お姉さんは『3びきのこぶた』を読みました。いちろう君は絵本を読みながら眠ってしまい、夢を見ました。夢の中でいちろう君は、おにぎりを食べたり、プールで水遊びをしたりして遊んだ後、大きなケーキを食べようとしたところで『いちろう』と声がして、お姉さんに起こされました。おやつを食べようと1階に下りていくと、夢に出てきた大きなケーキがテーブルの上にあったので、いちろう君は『夢の続きなのかな？』とびっくりしました」

・いちろう君が描いた絵に○をつけましょう。
・お姉さんが読んだ絵本の絵に×、いちろう君が読んだ絵本の絵に○をつけましょう。
・夢の中でいちろう君がしていないことに○をつけましょう。

16 言語（同頭語）

・同じ音で始まる名前のものを上と下からそれぞれ選んで、点と点を線で結びましょう。

17 系列完成

・上の四角にかいてあるように、白丸や黒丸が増えたり減ったりするお約束です。では、下を見てください。上のお約束のとき、左側の空いている四角では、丸がどのようになりますか。それぞれの段で、合うものを右側から選んで○をつけましょう。

集団テスト

18 巧緻性・絵画（男子）

バット、野球のボール、野球帽、ラグビーボールが描かれた台紙（穴が開いている）、綴じひも（茶色）、クーピーペン（ジッパーつきビニール袋の中に紫、青、黄色、赤、黒、オレンジ色、緑、茶色が入っている）が配られる。
・野球のボールを2つ選んでオレンジ色で濃く塗り、野球帽を1つ選んで青で薄く塗りましょう。

・台紙を裏返してください。かいてある線を自分の顔にして、お弁当を食べているところを描きましょう。
・太陽のマークと番号が表になるようにして、上と下の穴が重なるように台紙を半分に折り、穴に茶色のひもを通してチョウ結びにしましょう。

19 巧緻性・絵画（女子）

茎、葉っぱ、チョウチョが描かれた台紙（穴が開いている）、綴じひも（茶色）、クーピーペン（ジッパーつきビニール袋の中に紫、青、黄色、赤、黒、オレンジ色、緑、茶色が入っている）が配られる。
・チョウチョを1匹選んで赤で薄く塗り、葉っぱを2枚選んで青で濃く塗りましょう。
・台紙を裏返してください。かいてある線を自分の顔にして、プレゼントをもらっているところを描きましょう。
・太陽のマークと番号が表になるようにして、上と下の穴が重なるように台紙を半分に折り、穴に茶色のひもを通してチョウ結びにしましょう。

制作（男子）

上質紙（白）2枚、画用紙（青）、折り紙、ティッシュペーパー、マグネットシール、クリップが用意されている。釣り遊びは1人で行う。
・白い紙2枚をねじって棒にしてつなげ、釣りざおを作ります。ティッシュペーパーを細くねじって釣り糸にし、釣りざおにつなげます。ティッシュペーパーの先にはマグネットシールを貼りつけましょう。折り紙で魚を折り、クリップをつけて青い画用紙の上に置き、釣りざおで釣って遊びましょう。

制作（女子）

小さく切り分けられた色画用紙（薄ピンク）、折り紙、長方形のシール（白、1シートに複数枚ある）が用意されている。巧緻性・絵画の課題で使用したクーピーペンを使う。
・好きな動物の指人形を作ります。色画用紙を指にはめられるよう筒状にして、シールで留めましょう。そこに折り紙をちぎって貼ったり、クーピーペンで顔を描いたりして、指人形に仕上げましょう。折り紙を貼るときは、シールをセロハンテープの代わりに使いましょう。

行動観察（ジャンケンゲーム）（男子）

2チームに分かれてジャンケンゲームをする。
・各チーム1人ずつ、黒い線の上をグーパーで進みます。次に赤い線の上を、頭の上で手をパチパチとたたきながら歩いて進みます。ジャンケンの線のところまで歩いていき、反対側から来た相手チームのお友達と片足立ちでジャンケンをしましょう。勝ったらテ

ィッシュペーパーを取って丸め、自分のチームのカゴに入れて列に戻り後ろに並びます。
負けとあいこのときは、ティッシュペーパーを取らずに列の後ろに並びましょう。

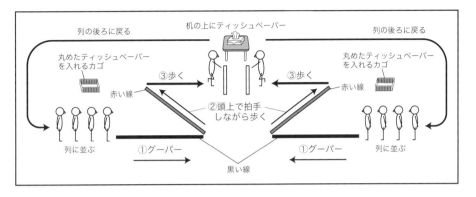

📖 行動観察（ジャンケンゲーム）（女子）

2チームに分かれてジャンケンゲームをする。

・各チーム1人ずつ、黒い線の上をケンパーで進みます。次に赤い線の上を、手を伸ばした状態で頭の上とおなかの前で交互に手をパチパチとたたきながら歩いて進みます。ジャンケンの線のところまで歩いていき、反対側から来た相手チームのお友達と片足立ちでジャンケンをしましょう。勝ったらティッシュペーパーを取って丸め、自分のチームのカゴに入れて列に戻り後ろに並びます。負けとあいこのときは、ティッシュペーパーを取らずに列の後ろに並びましょう。

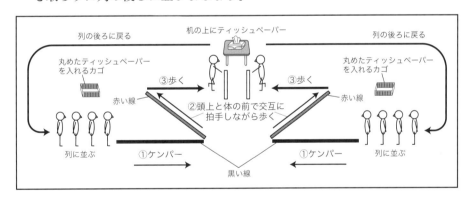

運動テスト

📖 模倣体操（男女共通）

壁に映し出されたお手本の映像を見ながら行う。

・笛の音に合わせて、その場で足でグーチョキパーをする。

・笛の音に合わせて、その場でケンパー、足踏みなどをする。

親 子 面 接

本 人

- お名前と生年月日、年齢を教えてください。
- 住所を教えてください。
- この学校の名前を知っていますか。知っていたら教えてください。
- この学校に来たことはありますか。どんなときに来ましたか。
- 今日はここまでどうやって来ましたか。
- 朝ごはんは何を食べてきましたか。
- 幼稚園（保育園）の名前、担任の先生の名前、クラスの名前を教えてください。
- 幼稚園（保育園）では誰とどんなことをして遊びますか。
- 幼稚園（保育園）のお友達の名前を教えてください。
- お友達とけんかをしたことはありますか。どうやって仲直りをしましたか。
- 最近、幼稚園（保育園）の先生にほめられたこと（しかられたこと）はありますか。
- お父さん（お母さん）のお仕事は知っていますか。どんなお仕事ですか。
- お父さん（お母さん）の好きなところはどんなところですか。
- お父さん（お母さん）とは何をして遊びますか。
- お手伝いは何をしていますか。そのお手伝いではどんなことに気をつけていますか。どんなところが難しいですか。
- 最近、お父さん（お母さん）にほめられたこと（しかられたこと）は何ですか。
- お母さんが作るお料理で好きなものは何ですか。
- お父さんは料理をしますか。何を作ってくれますか。
- 好きな食べ物は何ですか。嫌いな食べ物は何ですか。
- お父さん（お母さん）の好きな食べ物（嫌いな食べ物）は何ですか。わからなければ今、聞いてみてください。
- きょうだいの名前を教えてください。
- きょうだいとは何をして遊びますか。
- 好きな絵本は何ですか。それはどんなお話ですか。なぜ、そのお話が好きなのですか。
- 電車の中で気をつけることを教えてください。
- お勉強はしていますか。大変ですか。
- この小学校に入ったら何をしたいですか。それはどうしてですか。

父 親

- 本校を志望されたのはなぜですか。

・どのようにして本校をお知りになりましたか。

・本校にはいらっしゃいましたか。何の行事に参加されましたか。どのように感じられましたか。

・本校の受験を決めたのはいつごろですか。

・本校のほかに何校くらい受けていらっしゃいますか。

・中学受験についてどのようにお考えですか。

・ご自身は中学受験の経験はありますか。

・お仕事の内容についてお聞かせください。

・忙しい中、どのようにお子さんとコミュニケーションをとっていますか。

・お子さんのお友達の名前を教えてください。

・お子さんの成長を感じるのはどのようなときですか。

・奥さまとお子さんが似ていると思うのは、どのようなところですか。

母　親

・本校には何回いらっしゃいましたか。参加された行事で印象に残っていることは何ですか。

・どのようにして本校をお知りになりましたか。

・お子さんのどのようなところが本校と合っていると思いますか。

・お仕事をされていますか。お仕事の内容についてお聞かせください。

・お仕事をされていますが、学校からの緊急時の連絡には対応できますか。

・子育てをサポートしてくれる方は近くにいらっしゃいますか。

・子育てで気をつけていることは何ですか。

・通っている幼児教室の名前を教えてください。いつごろから通っていますか。

・幼児教室でお子さんが成長したと感じることは何ですか。

・ご家庭で、お子さんの勉強のフォローはできますか。

・お子さんにはどのようなお手伝いをさせていますか。

・ご主人とお子さんが似ていると思うのは、どのようなところですか。

面接資料／アンケート　Ｗｅｂ出願後に下記項目を記入した親子面接資料を郵送する。

・志望理由。

・家庭の教育方針。

・子どもの性格。

・子どもの生活状況（好きな遊びなど）。

・子どもの健康状況、そのほか。

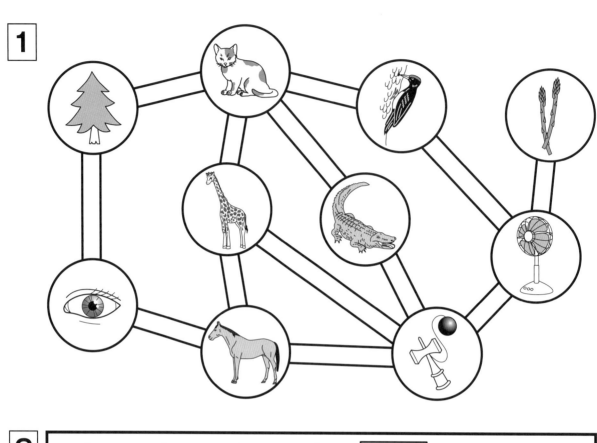

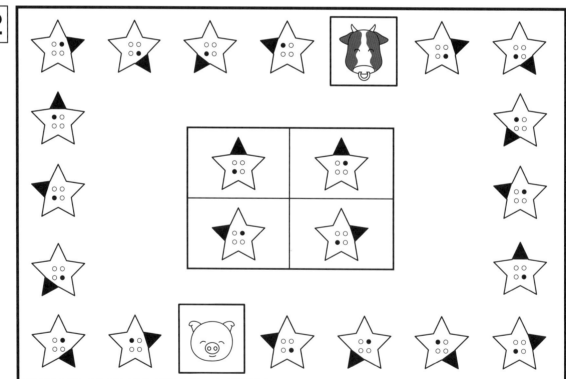

3

4

5

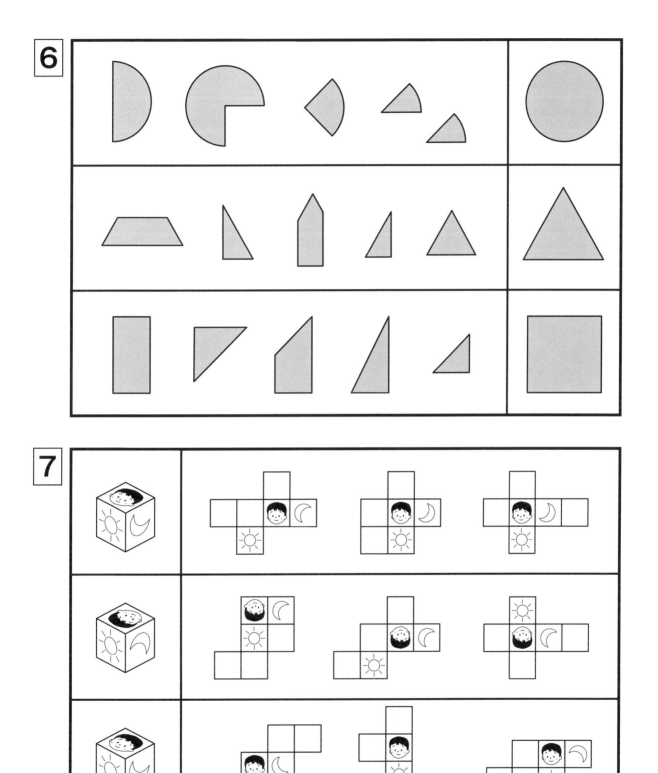

10

11

12

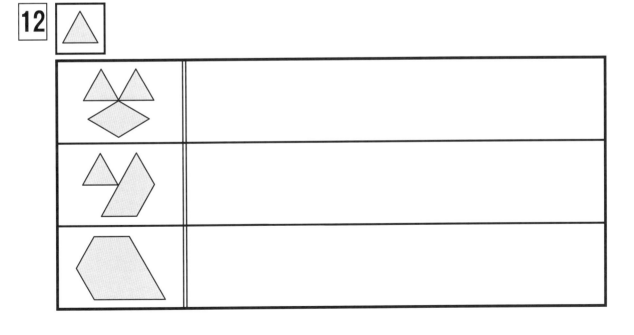

13

14

15

16

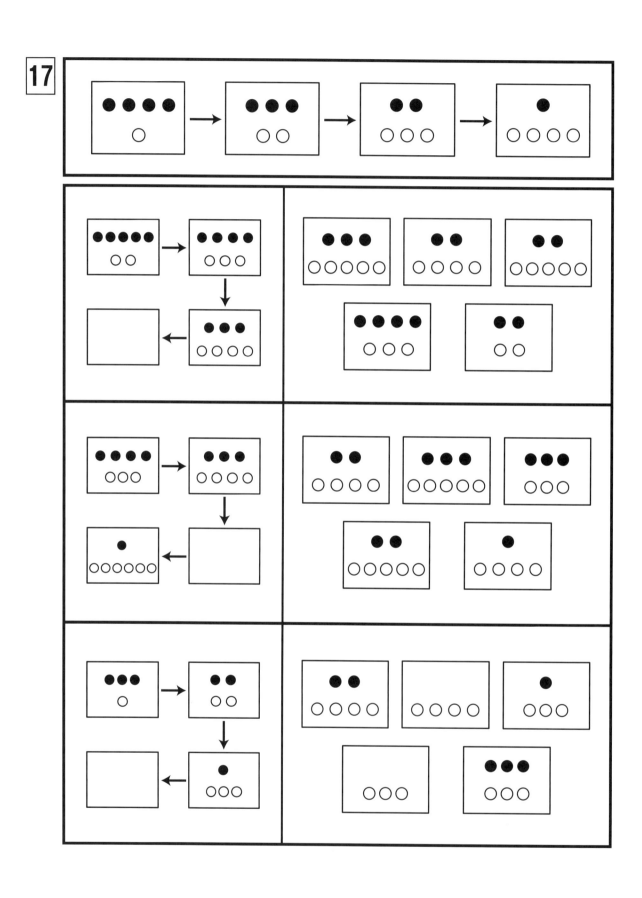

18

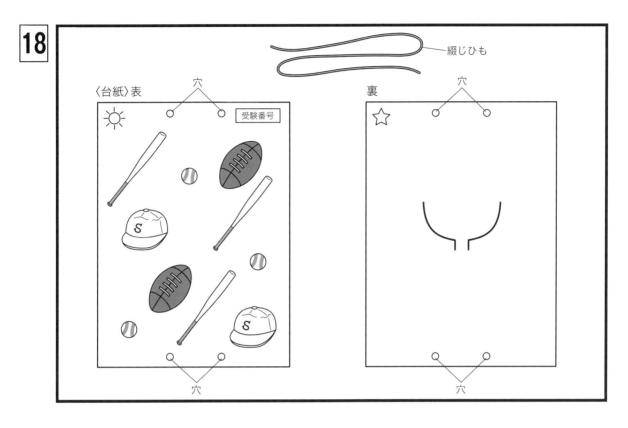

19

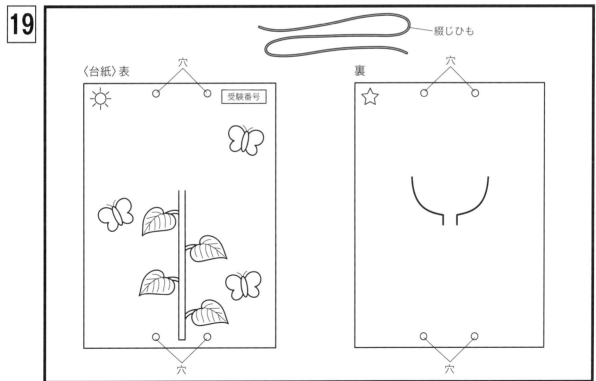

section
2020 洗足学園小学校入試問題

■ 選抜方法

考査は2日間で、1日目に男子、2日目に女子を行う。ペーパーテスト、集団テスト、運動テストを行う。所要時間は約2時間。考査日前の指定日時（男女により指定日が異なる）に親子面接がある。

▌ ペーパーテスト ▐ 筆記用具は鉛筆を使用し、訂正方法は // （斜め2本線）。出題方法は口頭。

〈男子〉

1 数 量

- ・キツネ、ネズミ、ウサギの3匹が、大きい四角の中の果物を仲よく同じ数ずつ分けます。1匹分の果物が正しく描かれた四角を、下の4つから選んで○をつけましょう。
- ・お父さん、お母さん、お姉さん、男の子の4人家族が、大きい四角の中のおはしと茶わんを使います。それぞれいくつずつ余りますか。余る数だけ、それぞれの絵の横の長四角に○をかきましょう。

2 推理・思考（水の量）

- ・水と氷が入っているコップがあります。しばらくすると、コップの水はどのようになりますか。正しい絵に○をつけましょう。
- ・冷たい水が入ったコップがあります。しばらくすると、コップはどのようになりますか。正しい絵に○をつけましょう。
- ・石にひもをつけて、水が入ったコップに沈めました。ひもを引っ張って石を取り出すと、コップの水の高さはどのようになりますか。正しい絵に○をつけましょう。

3 系列完成

- ・丸の中に、形が決まりよく並んでいます。ブドウとリンゴのところには、どのような形が入りますか。右のブドウとリンゴの下の形にかき足しましょう。

4 構 成

- ・左端に棒を並べてできている形があります。そのうち2本だけを動かしてできる形を、右から選んで○をつけましょう。

5 言 語

・名前の最初の音が同じもの同士を見つけ、線で結びましょう。

・名前の最後の音が同じもの同士を見つけ、線で結びましょう。

6 言語（しりとり）

・左上のシマウマから右下のラッコまで、しりとりでつながるように線を引きましょう。横と斜めには進めますが、縦には進めません。

7 言　語

・「ワンワン泣いている子」に○をつけましょう。

・「キョロキョロしている子」に○をつけましょう。

・「ニコニコしている子」に○をつけましょう。

8 常識（交通道徳）

・駅のホームの様子が描いてあります。いけないことをしている子に○をつけましょう。

〈女子〉

9 推理・思考（対称図形）

・左の絵は、透き通った紙にかかれています。この絵を点線のところで矢印の方向に折って重ねると、どのようになりますか。正しいものを右から選んで○をつけましょう。

10 言　語

・矢印の向きに、名前の音の数が増えていきます。三角と丸に入るものをすぐ下の四角から選んで、それぞれの印をつけましょう。

11 常　識

・左の絵を見てください。矢印の方向に風が吹いています。では、右上の3枚の絵を見てください。同じように風が吹いているときの様子で、正しいものはどれですか。その絵に○をつけましょう。

・右下の3枚の絵を見てください。同じように風が吹いているとき、一番速く進むヨットはどれですか。そのヨットに○をつけましょう。

12 常識（生活習慣）

・食事をしている様子の絵があります。この中で、よくない食べ方をしている絵に○をつけましょう。

13 構　成

・上にある三角形４枚でできている形はどれですか。下から選んで○をつけましょう。

14 数 量

上に、お誕生日に集まった子どもたちとバースデーケーキの絵がありますね。

・子どもたち全員に、ケーキをのせるお皿を１枚ずつ配ります。お皿は全部で何枚あれば よいですか。その数だけ、下のお皿の横の四角に○をかきましょう。

・ケーキを半分だけ箱から出しました。このケーキを箱から全部出して、ロウソクを同じ ように立てます。ロウソクはあと何本あればよいですか。その数だけ、下のロウソクの 横の四角に○をかきましょう。

・ケーキの箱の中に隠れているところには、イチゴは何個ありますか。その数だけ、下の イチゴの横の四角に○をかきましょう。

集団テスト

15 巧緻性・絵画（男子）

傘や長靴などが描かれた台紙（穴が開いている）、綴じひも、クーピーペン（ジッパーつ きビニール袋の中に黒、茶色、緑、赤、オレンジ色が入っている）が配られる。

・傘を２つ選んでオレンジ色で濃く塗り、長靴を１つ選んで緑で薄く塗りましょう。

・台紙を裏返してください。かいてある線を使って、お母さんと遊んでいるときの自分の 顔を描きましょう。時間が余ったら、周りに遊び道具を描いてもよいですよ。

・穴にひもを通してチョウ結びにしましょう。

16 巧緻性・絵画（女子）

ドングリやイチョウの葉などが描かれた台紙（穴が開いている）、綴じひも、クーピーペ ン（ジッパーつきビニール袋の中に黒、茶色、青、赤、黄色、緑、オレンジ色が入ってい る）が配られる。

・ドングリを１つ選んで青で濃く塗り、イチョウを２つ選んで赤で薄く塗りましょう。

・台紙を裏返してください。かいてある線を使って、プレゼントをもらったときの自分の 顔を描きましょう。時間が余ったら、周りに何か描いてもよいですよ。

・穴にひもを通してチョウ結びにしましょう。

行動観察（ジャンケンゲーム）（男子）

２チームに分かれてジャンケンゲームをする。

・各チーム１人ずつ四角の中からスタートし、バツ印のところまでクマ歩きで進んだら、 次のバツ印まで両足でジャンプをします。そこから線の上を歩いて進み、その後ケンケ

ンで玉が入ったカゴのところまで進みます。そのカゴを挟んで、反対側から来た相手チームのお友達と片足立ちでジャンケンをしましょう。勝ったらカゴから玉を1つ取り、あいこや負けのときは取りません。終わったら自分のチームのところまで歩いて戻り、玉を持っている人はカゴに入れてから、次の人にタッチして列の後ろに並びましょう。

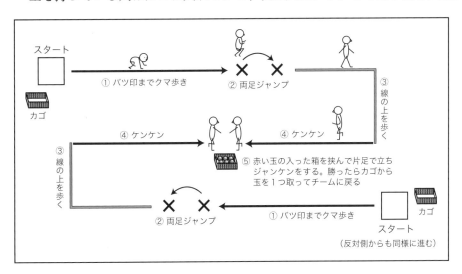

行動観察（ジャンケンゲーム）（女子）

2チームに分かれてジャンケンゲームをする。

・各チーム1人ずつ四角の中からスタートし、その先のカゴまでぞうきんがけで進みます。カゴにぞうきんを入れたら、バツ印からバツ印まで両足でジャンプしましょう。そこから線の上を歩いて進み、その後ケンケンで玉が入ったカゴのところまで進みます。そのカゴを挟んで、反対側から来た相手チームのお友達と片足立ちでジャンケンをしましょう。勝ったらカゴから玉を1つ取り、あいこや負けのときは取りません。終わったら自分のチームのところまで歩いて戻り、玉を持っている人はカゴに入れてから、次の人にタッチして列の後ろに並びましょう。

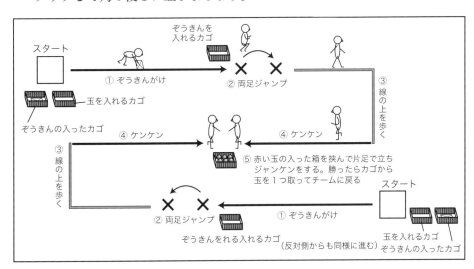

🔷 行動観察（共同制作）（男子）

5人程度のグループに分かれて行う。カゴの中に、折り紙、画用紙、新聞紙、綿、箱、輪ゴム、モール、紙テープ、アルミホイル、気泡緩衝材、卓上用のセロハンテープが用意されている。

・「虫」「ロボット」「お菓子のお家」「乗り物」「恐竜」の中から何を作るかお友達と相談をします。決まったら、用意されているものを自由に使って作りましょう。時計の長い針が6のところに来たらお片づけです。

🔷 行動観察（共同制作）（女子）

5人程度のグループに分かれて行う。カゴの中に、折り紙、画用紙、新聞紙、綿、箱、輪ゴム、モール、紙テープ、アルミホイル、卓上用のセロハンテープが用意されている。

・今からお弁当を作ります。お友達とどんなお弁当にするか相談し、用意されているものを自由に使って作りましょう。できあがったら先生にプレゼントしましょう。時計の長い針が10のところに来たらお片づけです。

運動テスト

🔷 模倣体操（男子）

壁に映し出されたお手本の映像を見ながら行う。
・笛の音に合わせて、その場でジャンプする。
・笛の音に合わせて、前→元の位置→後ろ→元の位置→右→元の位置→左とジャンプする。

🔷 模倣体操（女子）

・笛の音（速い→遅い→速いとリズムが変わる）に合わせてその場でジャンプをする。
・1、2、3のリズムでジャンプし、3回目は頭の上で手をたたく。
・1、2、3のリズムでジャンプし、3回目は着地でしゃがみ床にタッチする。

親子面接　質問の内容によって父親、母親、子どもとランダムな順番で聞かれる。

本 人

・お名前と生年月日、年齢を教えてください。
・住所を教えてください。
・この学校の名前は知っていますか。知っていたら教えてください。

・これまでこの学校に来たことはありますか。

・この学校に来てどう思いましたか。

・今日はどのようにしてここまで来ましたか。

・電車の中で気をつけることを教えてください。

・幼稚園（保育園）の名前を教えてください。

・幼稚園（保育園）の担任の先生の名前を教えてください。

・幼稚園（保育園）には、誰とどうやって行きますか。

・幼稚園（保育園）のお迎えには誰が来てくれますか。

・幼稚園（保育園）でほめられたことはありますか。それはどのようなときですか。

・幼稚園（保育園）では誰と何をして遊びますか。

・幼稚園（保育園）から帰ったら何をしますか。

・お父さんの仕事は知っていますか。

・お父さん（お母さん）の好きな食べ物を知っていますか。わからなければ聞いてみてください。

・お父さん（お母さん）の好きなところはどのようなところですか。

・お父さん（お母さん）と、何をして遊びますか。

・お母さんの作ってくれるお料理では、何が好きですか。

・好きな料理と嫌いな料理を教えてください。

・嫌いなものが食事に出てきました。どうしますか。

・お手伝いはしていますか。何をしていますか。

・お手伝いをするときに気をつけていることはありますか。そのとき、どのようなことが大変ですか。

・お手伝いをすると、お家の人は何と言ってくれますか。

・好きな本は何ですか。どのようなところが面白いですか。

・きょうだいとは何をして遊びますか。

・(面接資料に記入した遊びについて) それはどのような遊びですか。

・お父さんに似合う色は何色だと思いますか。わからなければお母さんに聞いてみてください。

・この学校で何がしたいですか。

父　親

・本校を知ったきっかけは何ですか。

・受験を決めた時期はいつごろですか。

・本校には何回いらっしゃいましたか。そのときの印象をお聞かせください。

・中学受験をどのように考えていますか。

・中学受験のデメリットをどのようにお考えですか。

・お仕事の内容についてお聞かせください。
・普段お子さんとどのように接していますか。
・最近お子さんをほめた（しかった）のはどのようなときですか。
・お子さんの長所はどのようなところですか。
・お子さんの成長を感じたのは、どのようなときですか。
・奥さまとお子さんの似ているところはどのようなところですか。

母 親

・本校には何回いらっしゃいましたか。そのときの印象をお聞かせください。
・ご家庭の教育方針についてお聞かせください。
・子育てで大切にしていることは何ですか。
・お子さんは、幼稚園（保育園）の先生からはどのように言われていますか。
・ご家庭で、お子さんの勉強のフォローはできますか。
・お子さんの中学受験をどのようにサポートしますか。
・緊急時の対応はできますか。誰が迎えにいらっしゃいますか。
・ご主人とお子さんに似ているところはありますか。
・お仕事をしていて、子育てとの両立は大変ではないですか。
・子育てについて相談できる人はいますか。

面接資料／アンケート

Ｗｅｂ出願後に下記項目を記入した面接資料を郵送する。

・志望理由。
・家庭の教育方針。
・子どもの性格。
・子どもの生活状況（好きな遊びなど）。
・子どもの健康状況、そのほか。

1

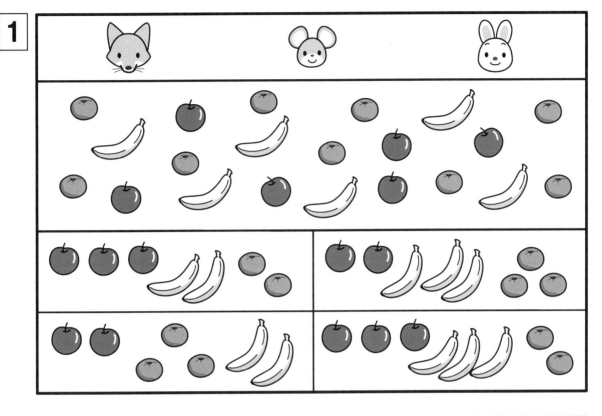

2

3

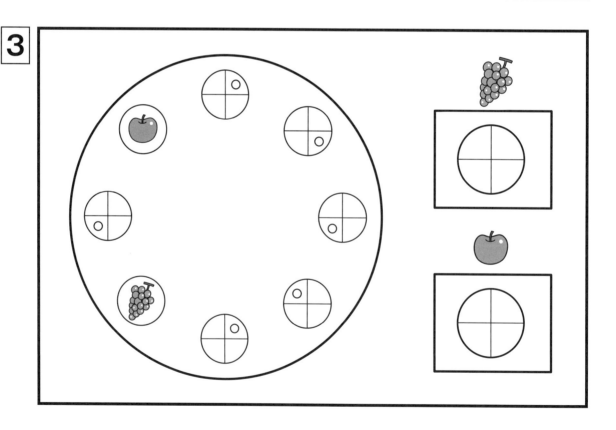

2023 2022 2021 2020 2019 2018 2017 2016 2015 2014

4

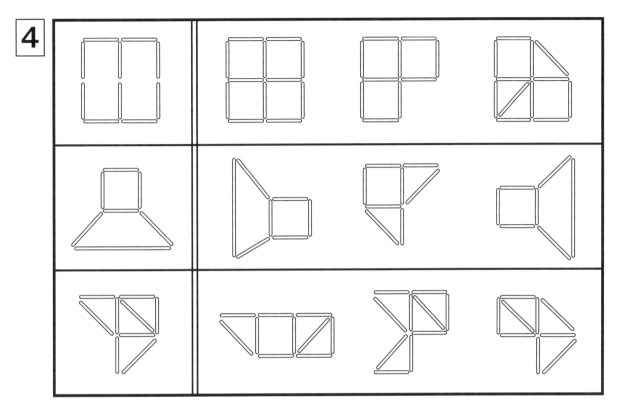

5

6

7

8

9

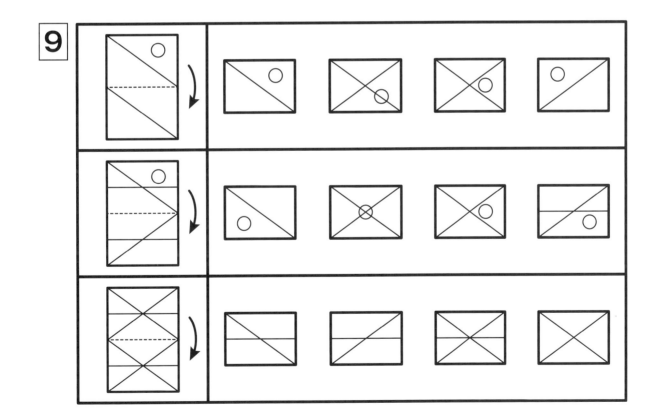

10

11

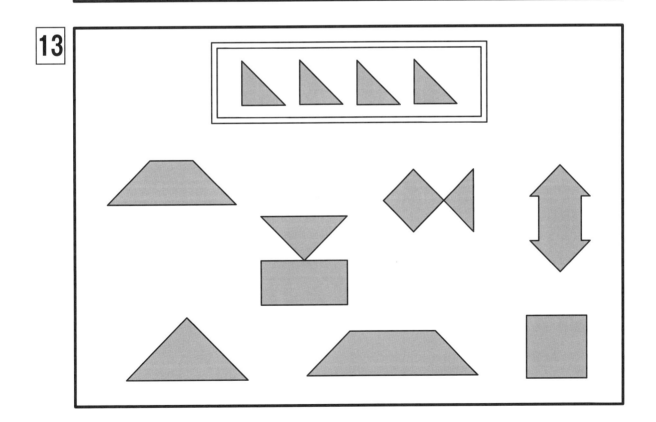

14

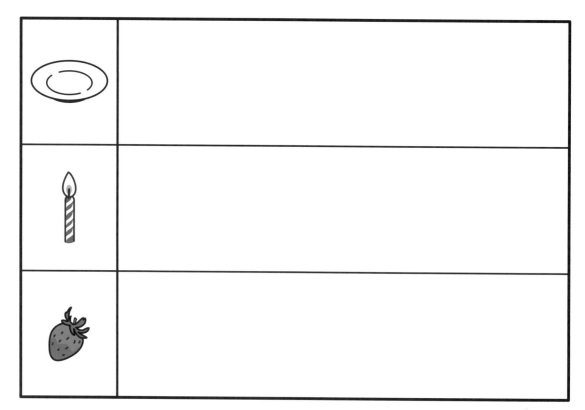

15

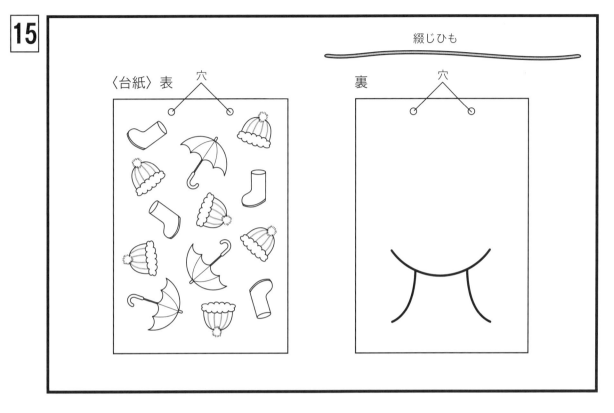

16

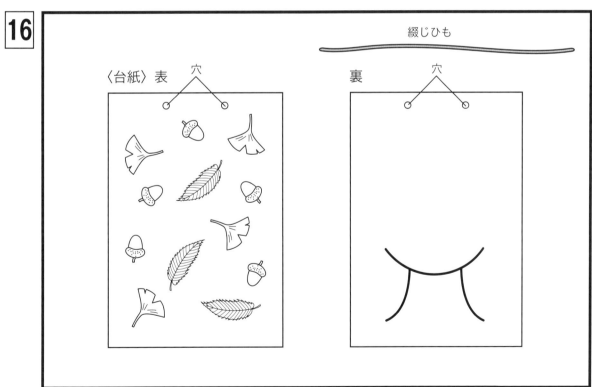

section
2019 洗足学園小学校入試問題

■ 選抜方法

考査は2日間で、1日目に男子、2日目に女子を行う。ペーパーテスト、集団テスト、運動テストを行う。所要時間は約2時間。考査日前の指定日時（男女により指定日が異なる）に親子面接がある。

■ ペーパーテスト ▍ 筆記用具は鉛筆を使用し、訂正方法は // （斜め2本線）。出題方法は話の記憶のみ音声で、ほかは口頭。

〈男子〉

1 話の記憶

「イヌ君とウサギさんとサルさんは、明日ピクニックに行くことにしました。そこでお弁当に持っていく果物を買いに、みんなで果物屋さんに行きました。ミカンとリンゴとバナナが好きなイヌ君は、どれを買おうか迷ってしまいました。するとサルさんが『それを全部買おうよ』と言ったので、みんなが1つずつ食べられる数だけ全部買うことにしました。するとお店の人が『おまけだよ』と言って、ミカンを1つくれました。イヌ君とサルさんが果物を買い終わると、ウサギさんがいないことに気がつきました。隣の魚屋さんに行ってみると、そこにウサギさんがいました」

- ・上の段です。明日のピクニックに持っていく果物が正しく描いてあるものに○をつけましょう。
- ・下の段です。果物屋さんの隣のお店は何屋さんでしたか。合うものに○をつけましょう。

2 推理・思考（マジックボックス）

- ・上の四角を見ましょう。いろいろな印が星や太陽の箱を通ると、あるお約束で変わります。では、下のように印が星や太陽の箱を通ると、印はそれぞれどのように変わりますか。空いている四角の中にかきましょう。

3 常 識

- ・左の四角の中のものを水に入れると、どのようになりますか。右から選んで○をつけましょう。

4 言 語

- ・名前の音の数が同じものを上と下からそれぞれ選んで、点と点を線で結びましょう。

5 常識（道徳）

・子どもたちが教室にいます。よくないことをしている人に×をつけましょう。

〈女子〉

6 話の記憶

「今日は雨の金曜日です。クマ君とトラさんとヒツジさんは、学校で塗り絵をしながら日曜日に何をして遊ぶかお話ししていました。『日曜日に雨が降ったら外で遊べないから、お家の中で遊ぼうよ』とクマ君が言いました。『いいよ』とトラさんとヒツジさんが言いました。『この前の日曜日はトラさんのお家で積み木で遊んだから、今度はクマ君のお家で遊ぼうよ』とヒツジさんが言うと、『いいよ』とクマ君とトラさんが言いました。『まだ何で遊ぶか決まってないよ』とトラさんが言うと、ヒツジさんが『トランプで遊ばない？昨日、テントウムシのトランプを買ってもらったんだ』と言いました。するとトラさんが『じゃあ、わたしはケン玉を持って行くね』と言いました。クマ君は『わあ、楽しくなりそうだね。僕はみんなのために、はちみつのケーキを用意するね』と言いました」

・上の段です。この前の日曜日はどの動物のお家で遊びましたか。その動物に○をつけましょう。
・下の段です。この前の日曜日は何をして遊びましたか。その絵に×をつけましょう。
・同じ段です。今度の日曜日は何をして遊ぼうとしていますか。その絵に○をつけましょう。

7 数　量

・黒と白のマス目がかわりばんこに並んでいます。白いマス目の数だけ、右の四角にそれぞれ○をかきましょう。

8 推理・思考（鏡映図）

・左端の絵の線の上に鏡を立てて置くと、印はどのように映りますか。合うものを右側から選んで、それぞれ○をつけましょう。

9 推理・思考（四方図）

・箱の中の積み木を、動物たちが見ています。動物たちからは、積み木はそれぞれすぐ下に描いてあるように見えています。では、箱の中の積み木は一番下の４つのうちのどれですか。○をつけましょう。

10 言　語

・名前の最初の音と最後の音が同じものはどれですか。上と下からそれぞれ選んで、点と点を線で結びましょう。

11 常　識

・トンボ、バッタ、チョウチョが食べるものは何ですか。それぞれ下から選んで、点と点を線で結びましょう。

12 常識（道徳）

・絵の中でよくないことをしている人に○をつけましょう。

集団テスト

13 巧緻性・絵画（男子）

魚や貝が描かれた台紙（穴が開いている）、綴じひも（茶色）、クーピーペン（ジッパーつきビニール袋の中に黒、赤、青、黄色、オレンジ色が入っている）が配られる。

・魚を1つ選んで青で濃く塗り、貝を2つ選んで赤で薄く塗りましょう。

・台紙を裏返してください。かいてある線を使って、好きなお友達の顔を描きましょう。時間が余ったら、周りに遊び道具を描いてもよいですよ。

・お友達の顔を描いた方が内側になるようにして、上と下の穴が重なるように台紙を半分に折り、穴にひもを通してチョウ結びにしましょう。

14 巧緻性・絵画（女子）

リボンなどが描かれた台紙（穴が開いている）、綴じひも（茶色）、クーピーペン（ジッパーつきビニール袋の中に黒、緑、紫、赤、黄色、茶色が入っている）が配られる。

・リボンを1つ選んで緑で薄く塗り、帽子を2つ選んで紫で濃く塗りましょう。

・台紙を裏返してください。描いてある絵を使って、帽子をかぶった自分を描きましょう。体も描いてください。時間が余ったら、周りに何か描いてもよいですよ。

・自分の絵を描いた方が内側になるようにして、上と下の穴が重なるように台紙を半分に折り、穴にひもを通してチョウ結びにしましょう。

行動観察（ジャンケンゲーム）（男子）

2チームに分かれてジャンケンゲームをする。

・各チーム1人ずつ四角の中からスタートし、バツ印までクマ歩きで進んだら、次のバツ印まで両足でジャンプします。そこから線の上を歩いて進み、その後ケンパーケンパーケンでボールが入ったカゴまで進みます。そのカゴを挟んで反対側から来た相手チーム

のお友達とジャンケンをしましょう。勝ったらカゴからボールを1つ取り、あいこや負けのときは取りません。終わったら自分のチームのところまで歩いて戻り、ボールを持っている人はカゴに入れてから、次の人にタッチして列の後ろに並びましょう。

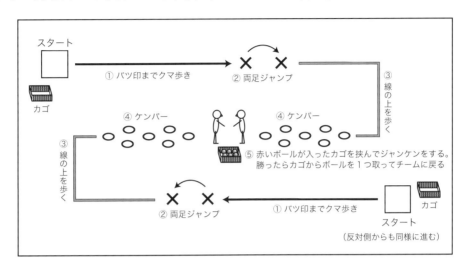

行動観察（ジャンケンゲーム）（女子）

2チームに分かれてジャンケンゲームをする。

・各チーム1人ずつ四角の中からスタートし、その先のカゴまでぞうきんがけで進みます。カゴにぞうきんを入れたら、バツ印からバツ印まで両足でジャンプしましょう。そこから線の上を歩いて進み、その後ケンパーケンパーケンでボールが入ったカゴまで進みます。そのカゴを挟んで反対側から来た相手チームのお友達とジャンケンをしましょう。勝ったらカゴからボールを1つ取り、あいこや負けのときは取りません。終わったら自分のチームのところまで歩いて戻り、ボールを持っている人はカゴに入れてから、次の人にタッチして列の後ろに並びましょう。

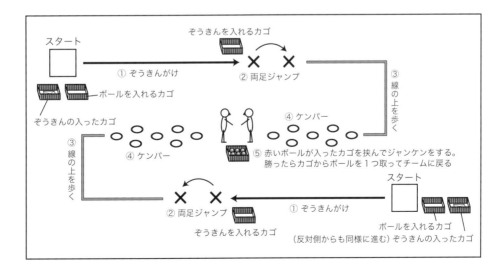

🔖 行動観察（共同制作）（男子）

5人程度のグループに分かれて行う。色画用紙、モール、セロハンテープ、ガムテープがグループごとの箱に用意されている。

・用意されているものを自由に使って、サンタクロースが持ってくるプレゼントを作りましょう。

〈約束〉

・はさみはないので、切りたいときは手でちぎる。

・片づけの合図で道具を箱に入れ、ごみは用意されている袋に入れて持っていく。

・片づけは時計の長い針が10のところに来るまでに行う（時間帯によって数字の指示は異なる）。

運動テスト

🔖 模倣体操（男女共通）

壁に映し出された映像の男の人と同じ動きをする。

・手拍子しながら、その場でジャンプしたり前後左右にジャンプしたりする。

・8回ずつその場や前後左右にジャンプする。

親 子 面 接

本 人

・お名前と生年月日、年齢を教えてください。

・住所を教えてください。

・ここまでどうやって来ましたか。

・この学校の名前を知っていますか。知っていたら教えてください。

・この学校に来たことはありますか。どのようなときに来ましたか。

・幼稚園（保育園）の名前を教えてください。

・幼稚園（保育園）の担任の先生の名前を教えてください。

・幼稚園（保育園）には、誰とどうやって行きますか。お迎えには誰が来てくれますか。

・幼稚園（保育園）でほめられたことはありますか。

・幼稚園（保育園）では誰と遊びますか。

・お父さん（お母さん）の好きなところを教えてください。

・お父さんのお仕事を知っていますか。

・お父さん（お母さん）の好きな食べ物を知っていますか。わからなければ聞いてみてください。

・お手伝いをするときに気をつけていることは何ですか。そのとき、どのようなことが大変ですか。

・お手伝いをすると、何と言われますか。

・好きな食べ物と嫌いな食べ物を教えてください。

・苦手な食べ物が給食に出たら、どうしますか。

・好きな本を教えてください。どのような本ですか。

・きょうだいとは何をして遊びますか。

・お父さんに似合う色は何色ですか。わからなければお母さんに聞いてみてください。

・電車の中では何に気をつけますか。

父 親

・本校を知ったきっかけは何ですか。

・受験を決めた時期はいつごろですか。

・本校には何回いらっしゃいましたか。そのときの印象をお聞かせください。

・中学受験をどのように考えていますか。

・中学受験のデメリットは何だと思いますか。

・お仕事の内容についてお聞かせください。

・普段お子さんとどのように接していますか。

・最近お子さんをほめたこと（しかったこと）は何ですか。

・お子さんの長所はどのようなところですか。

・奥さまとお子さんの似ているところはどのようなところですか。

母 親

・本校には何回いらっしゃいましたか。そのときの印象をお聞かせください。

・ご家庭の教育方針についてお聞かせください。

・お子さんは、幼稚園（保育園）の先生からどのように言われていますか。

・ご家庭で、お子さんの勉強のフォローはできますか。

・お子さんの中学受験をどのようにサポートしますか。

・緊急時の対応はできますか。誰が迎えにいらっしゃいますか。

・ご主人とお子さんの似ているところはどのようなところですか。

・子育てについて相談できる人はいますか。

面接資料／アンケート

Ｗｅｂ出願後に下記項目を記入した面接資料を郵送する。

・志望理由。

・家庭の教育方針。

・子どもの性格。

・子どもの生活状況（好きな遊びなど）。

・子どもの健康状況、そのほか。

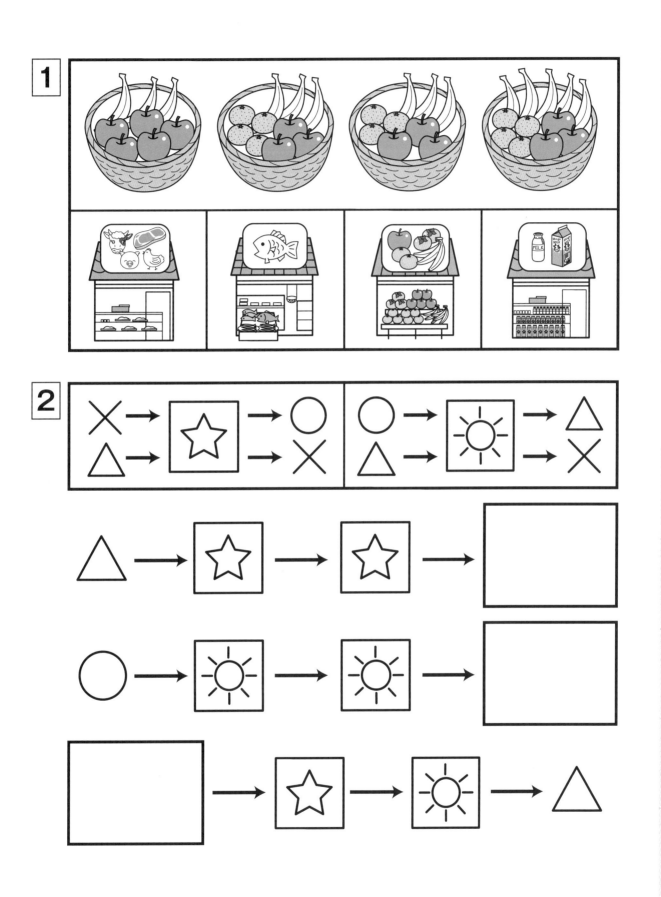

3

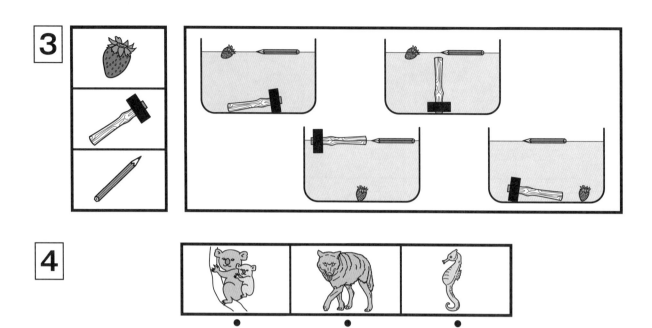

4

5

6

7

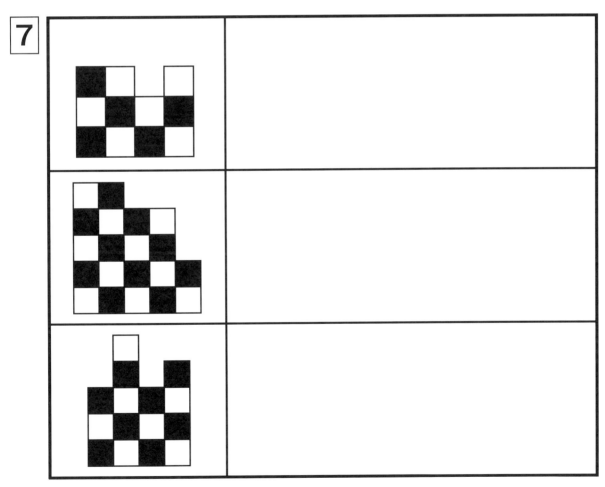

10
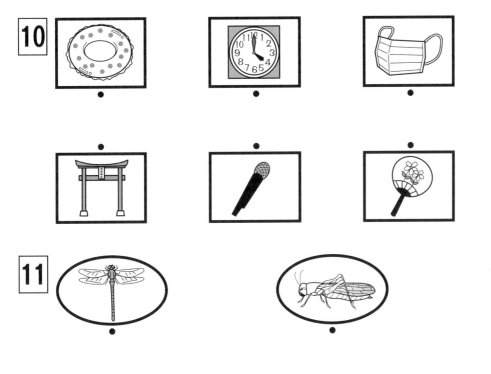

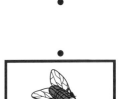

11

12

13

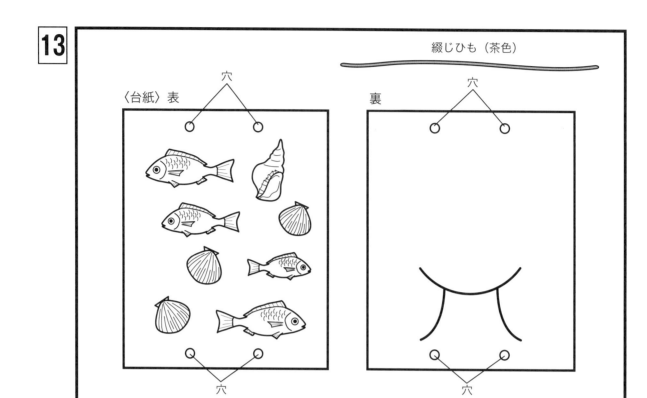

綴じひも（茶色）

〈台紙〉表　　穴　　　　　　　　裏　　穴

穴　　　　　　　　　　穴

14

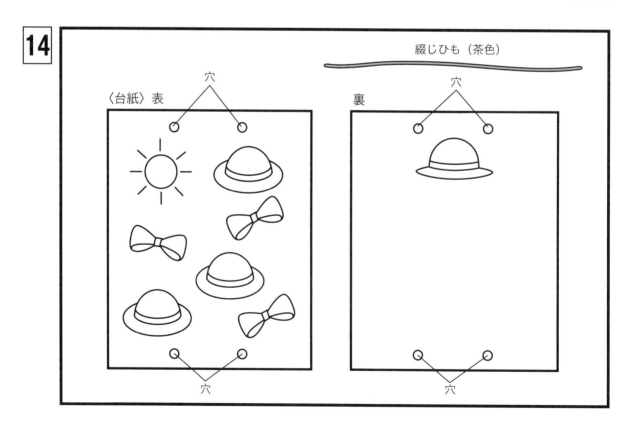

綴じひも（茶色）

〈台紙〉表　　穴　　　　　　　　裏　　穴

穴　　　　　　　　　　穴

section

2018 洗足学園小学校入試問題

■ 選抜方法

考査は2日間で、1日目に男子、2日目に女子を行う。ペーパーテスト、集団テスト、運動テストを行う。所要時間は約2時間。考査日前の指定日時（男女により指定日が異なる）に親子面接がある。

▌ ペーパーテスト

筆記用具は鉛筆を使用し、訂正方法は //（斜め2本線）。出題方法は話の記憶と話の理解のみ音声で、ほかは口頭。

〈男子〉

1 模写（対称図形）

・真ん中の2本線でパタンと折ったときにピッタリ重なるように、足りないところに印をかき足しましょう。

2 構　成

・左の真四角がお手本です。右の四角のうち、中にかいてある形をどのように組み合わせてもお手本の真四角を作れないものに×をつけましょう。

3 推理・思考（水の量）

・5つのコップに水が入っています。それぞれのコップに、角砂糖を1つずつ入れて溶かしました。中の水が一番甘いコップに○、2番目に甘くないコップに△をつけましょう。

4 系列完成

・一番左を見ましょう。果物が決まりよく並んでいます。クエスチョンマークのところに入る果物の組み合わせを、下の3つの中から選んで○をつけます。上から2つ目が入るので、○がついていますね。同じようにしてクマとウサギの印のところも、クエスチョンマークに入るものを下の3つの中から選んで○をつけましょう。

5 常識（道徳）

・子どもたちがお食事をしています。してはいけないことをしている子に×をつけましょう。

6 常　識

・1段目です。こいのぼりと同じの季節の食べ物に○をつけましょう。

・2段目です。こいのぼりが風になびいていますね。このとき、近くに置いてあるロウソクの炎はどうなりますか。正しいものを右から選んで○をつけましょう。

7 言　語

・名前の音の数が同じもの同士を線でつなぎましょう。

8 推理・思考（四方図）

ウサギと小鳥が積み木を見ています。
・リンゴのところです。ウサギから積み木を見ると、どのように見えますか。合うものに○をつけましょう。
・バナナのところです。小鳥から積み木を見ると、どのように見えますか。合うものに○をつけましょう。

9 話の記憶

「はなこちゃんとたろう君は、一緒に動物園に行きます。2人は別々に動物園に向かい、クジャクのところで待ち合わせをしました。たろう君はゾウの近くにある出入り口から動物園に入り、トラとライオンのおりの間を通って、クジャクのそばのベンチではなこちゃんを待ちました。はなこちゃんは、パンダとシマウマの間の出入り口から動物園に入りました。はなこちゃんがクジャクのところに行くと、たろう君がもうベンチに座って待っていました。『遅くなってごめんね。出入り口から入ってすぐのところにパンダがいて、とてもかわいかったから写真をたくさん撮っていたの』とはなこちゃんは言いました。『僕はまだパンダを見ていないから、後で一緒に見に行こう！』とたろう君が言って、2人でトラやライオン、サル、ゾウなど、たくさんの動物を見て回りました。『たくさん動物を見たね。おなかがペコペコになっちゃった』。『そうだね。パンダを見てからお弁当を食べようか』。2人はかわいいパンダを見た後、キリンのそばのベンチに座ってお弁当を食べました。『このおにぎりは白と黒だし、何だか形もパンダに似ていない？』『本当だ』。2人は笑いながら、楽しくお弁当を食べました。そしてその後は、シマウマやダチョウを見ました。『そろそろ帰る時間だね』。『あ、いけない。わたし、さっきお弁当を食べたところに水筒を忘れてきちゃった』。2人ははなこちゃんの水筒を探しに、お弁当を食べたベンチまで戻りました。『水筒があった！』『よかったね、はなこちゃん』。2人はそこから一番近い出入り口から出て、お家に帰りました」

・たろう君はどの出入り口から動物園に入りましたか。その出入り口に○をつけましょう。
・2人が食べたおにぎりは、どの動物に似ていましたか。その動物に△をつけましょう。
・はなこちゃんが水筒を忘れたベンチに□をつけましょう。
・2人はどの出入り口から外に出ましたか。その出入り口に×をつけましょう。

〈女子〉

10 話の理解

・動物たちが、道を歩いてプレゼントをもらいに行きます。タヌキがもらえるプレゼントはボール、クマがもらえるプレゼントは本、ウサギがもらえるプレゼントはクレヨンです。タヌキは真っすぐ進んで2つ目の角を右に曲がり、また真っすぐ進むとプレゼントに着きました。クマは真っすぐ進んで突き当たりを右に曲がり、また真っすぐ進むとプレゼントに着きました。ウサギは真っすぐ進んで2つ目の角を右に曲がり、また真っすぐ進むとプレゼントに着きました。ボールが入っているプレゼントの箱に○、本が入っているプレゼントの箱に△、クレヨンが入っているプレゼントの箱に□をつけましょう。

11 推理・思考（マジックボックス）

・上の四角を見ましょう。ウサギの箱を通ると、丸が1つ先の部屋を飛ばしてその次の部屋に移りましたね。クマの箱を通ると、丸が先ほどとは反対の方に1つ先の部屋に動きました。このお約束のとき、下の丸がそれぞれの箱を通った後、どのようになるか考えて、空いているところに○をかきましょう。

12 系列完成

・印が決まりよく並んでいます。空いている二重四角にはどの印が入りますか。それぞれすぐ下の四角から選んで、1つ目の二重四角に入るものに○、2つ目の二重四角に入るものに△をつけましょう。

13 推理・思考

それぞれの段にいる子どもたちが、下にあるシートに座ってお弁当を食べます。
・ブドウの段の子どもたちが座るとよいシートに○をつけましょう。
・パイナップルの段の子どもが座るとよいシートに△をつけましょう。
・イチゴの段の子どもたちが座るとよいシートに×をつけましょう。

14 常識（道徳）

・図書館での様子の絵があります。いけないことをしている子に×をつけましょう。

15 言語（しりとり）

・「ハト」から始めてしりとりでつないだとき、それぞれの四角で最後に来るものに○をつけましょう。

16 推理・思考（四方図）

・男の子と女の子が机の上にあるマス目の絵を見ています。男の子からは、すぐ下に描かれたように見えています。では、女の子からはマス目の絵はどのように見えますか。一番下にある4つの中から選んで○をつけましょう。

■ 集団テスト ■

17 巧緻性・絵画（男子）

丸、三角、四角、ひし形がかかれた台紙（穴が開いている）、綴じひも（茶色）、クーピーペン（ジッパーつきビニール袋の中にオレンジ色、茶色、赤、黒、黄色、青、緑、紫が入っている）が配られる。

・丸を2つ青で薄く塗り、三角を1つ黄色で濃く塗りましょう。

・塗り終わった人は台紙を裏返しにしてください。かいてある線を自分の顔にして、動物園に行っているところを描きましょう。

・丸や三角がかいてある方が表になるようにして、上と下の穴が重なるように台紙を半分に折り、穴に茶色のひもを通してチョウ結びにしましょう。

18 巧緻性・絵画（女子）

チューリップが描かれた台紙（穴が開いている）、綴じひも（茶色）、クーピーペン（ジッパーつきビニール袋の中にオレンジ色、茶色、赤、黒、黄色、青、緑、紫が入っている）が配られる。

・チューリップのお花を2つ青で濃く塗りましょう。また、3本のチューリップのうち1本の葉っぱだけをオレンジ色で薄く塗ってください。

・塗り終わった人は台紙を裏返しにしてください。かいてある線を自分の顔にして、お家で遊んでいるところを描きましょう。

・チューリップの絵が表になるようにして、上と下の穴が重なるように台紙を半分に折り、穴に茶色のひもを通してチョウ結びにしましょう。

◼ 行動観察（ジャンケンゲーム）（男子）

2チームに分かれてジャンケンゲームをする。

・各チーム1人ずつ四角の中からスタートし、バツ印のところまで真っすぐクマ歩きで進み、その先のバツ印へ両足ジャンプをします。そこから線の上を歩いて進み、四角の中で自分で5秒数えながら片足バランスをしてください。その後はまた線の上を歩き、赤いボールが入った箱のところまで来たら、その箱を挟んで反対側から来た相手チームのお友達とジャンケンをしましょう。勝ったら赤いボールを1つ取り、あいこや負けのときは取りません。終わったら、自分のチームのところまで歩いて戻り、赤いボールを持

っている人はカゴに入れてから、次の人にタッチして列の後ろに並びましょう。

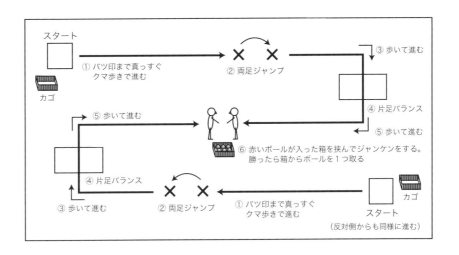

🔳 行動観察（ジャンケンゲーム）（女子）

2チームに分かれてジャンケンゲームをする。

・各チーム1人ずつ四角の中からスタートし、バツ印のところまで真っすぐ走って進み、その先のバツ印へ両足ジャンプをします。そこからぞうきんがけで進み、四角の中で自分で5秒数えながら片足バランスをしてください。その後はまた線の上を歩き、赤いボールが入った箱のところまで来たら、その箱を挟んで反対側から来た相手チームのお友達とジャンケンをしましょう。勝ったら赤いボールを1つ取り、あいこや負けのときは取りません。終わったら、自分のチームのところまで歩いて戻り、赤いボールを持っている人はカゴに入れてから、次の人にタッチして列の後ろに並びましょう。

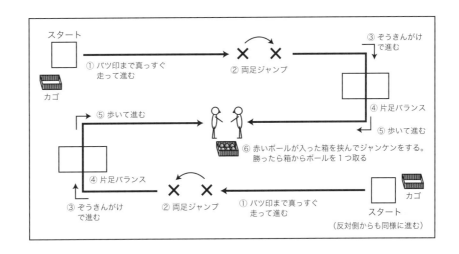

🔳 行動観察（共同制作）（男子）

5人程度のグループで行う。段ボール箱、紙コップ、画用紙、アルミホイル、ガムテープ、セロハンテープが用意されている。

・ここにある材料と道具を使って、おもちゃの国に行く乗り物を作りましょう。時計の長い針が10のところに来たらお片づけです（時間帯によって指定される数字は異なる。作業時間は10分程度）。作った乗り物は教室の後ろに置き、使った道具はカゴにしまいましょう。

🔖 行動観察（共同制作）（女子）

5人程度のグループで行う。細長い丸のかかれた紙、折り紙、画用紙、紙テープ（青、ピンク）、セロハンテープが用意されている。

・ここにある材料と道具を使って、紙にかいてある細長い丸の形を今までに見たことのないような魚にしてください。時計の長い針が10のところに来たらお片づけです（時間帯によって指定される数字は異なる。作業時間は10分程度）。作った魚はそのまま置いておき、使った道具はカゴにしまいましょう。

運動テスト

🔖 模倣体操（男女共通）

・その場でジャンプや足踏みをする。
・ジャンプしながら腕を開いたり閉じたり、頭上で手をたたいたりする。

親 子 面 接

本 人

・お名前と生年月日、年齢を教えてください。
・住所を教えてください。
・この学校の名前を知っていますか。知っていたら教えてください。
・この学校に来たことはありますか。どんなときに来ましたか。
・ここまでどうやって来ましたか。（質問が発展する）
・幼稚園（保育園）では何をして遊びますか。誰と一緒に遊びますか。（質問が発展する）
・最近、お父さん、お母さんとは何をして遊びましたか。
・お父さん（お母さん）が作るお料理で好きなものは何ですか。それは一緒に作りますか。
・好きな食べ物は何ですか。嫌いな食べ物は何ですか。（質問が発展する）
・お父さん（お母さん）の好きな食べ物（嫌いな食べ物）は何か、知っていますか。知ら

　ないなら、今聞いてみてください。

・普段、お手伝いはどんなことをしますか。そのお手伝いでは、どんなことに気をつけていますか。そのお手伝いのどんなところが難しいですか。
・好きな絵本は何ですか。それはどんなお話ですか。なぜ、そのお話が好きなのですか。
・宝物は何ですか。
・誕生日プレゼントで欲しいものは何ですか。
・最近お父さん（お母さん）にほめられたこと（しかられたこと）は何ですか。
・お父さん（お母さん）の好きなところはどんなところですか。
・家族の中で怒ると一番怖いのは誰ですか。
・お勉強はしていますか。大変ですか。
・この小学校に入ったら何をしたいですか。どうしてですか。

父　親

・志望理由をお聞かせください。
・私立の小学校に入学させることについて、どう考えていらっしゃいますか。
・本校には何回いらっしゃいましたか。何の行事に参加されましたか。どのように感じられましたか。
・ほかに何校くらい受験していらっしゃいますか。その学校も中学受験を意識した学校ですか。
・忙しい中、どのようにお子さんとコミュニケーションをとっていますか。
・お子さんはお父さまにどのようなところが似てきたと思いますか。
・中学受験の経験はありますか。マイナスな要素はあると思いますか。
・社会のリーダー像とは何でしょうか。

母　親

・どのようにして本校をお知りになりましたか。
・本校には何回いらっしゃいましたか。何の行事に参加されましたか。どのように感じられましたか。
・お子さんのよいところはどんなところですか。
・お子さんは習い事はどんなことをしていますか。
・お子さんはお母さまのことをどのように思っていると思いますか。
・お子さんと接するときに気をつけていることはありますか。
・子育てで気をつけていることは何ですか。
・お仕事をされていますが、送り迎えはどうされますか。サポートしてくれる方はいらっしゃいますか。
・学校からの緊急の連絡にはすぐに対応できますか。

・ごきょうだいは公立の小学校ですが、私立を希望されたのはどうしてですか。

面接資料／アンケート

出願時に下記項目を記入した面接資料を提出する。

・志望理由。
・家庭の教育方針。
・子どもの性格。
・子どもの生活状況（好きな遊びなど）。
・子どもの健康状況、そのほか。

1

2

3

4

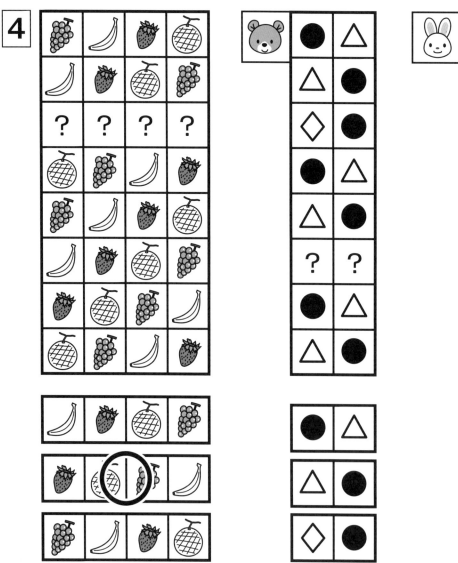

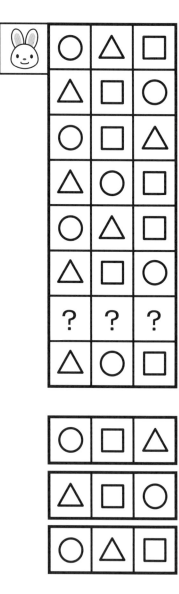

7

8

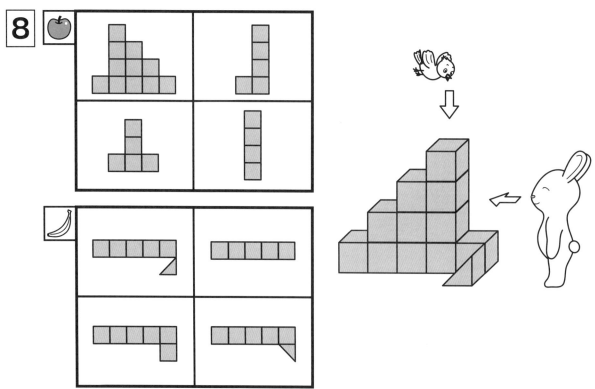

9

10

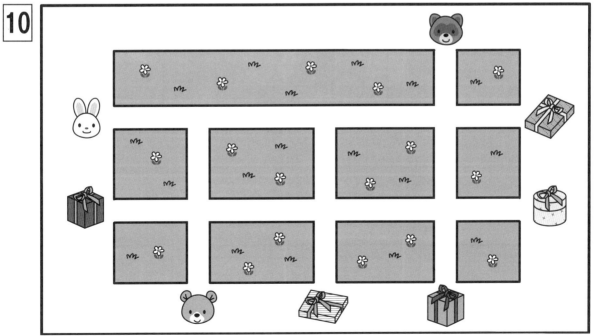

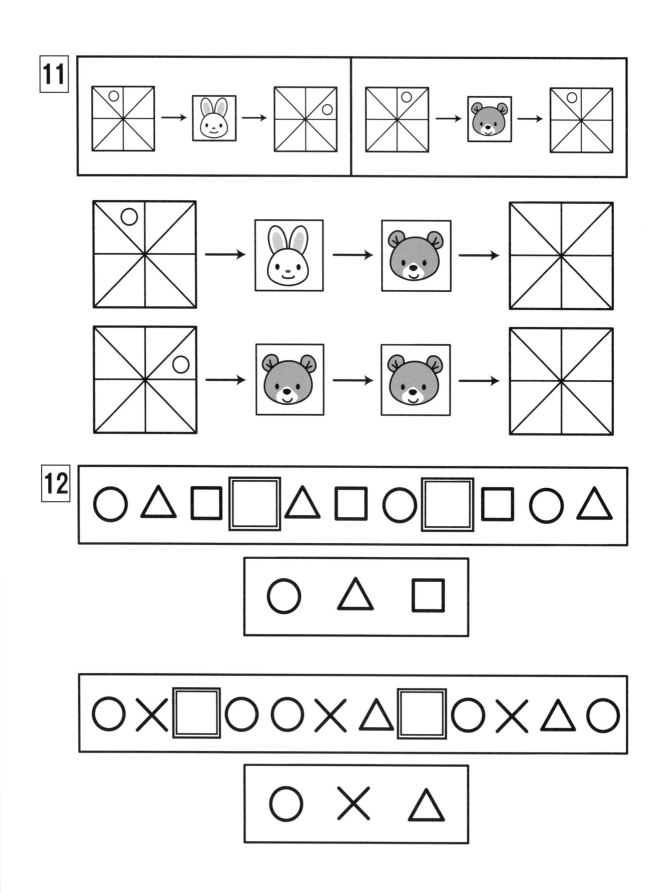

13		
🍌	👧👩👧	
🍇	👧👩👧👧	
🍎	👧👩👧👧👧	
🍍	👧	
🍓	👧👧👧👧👧👧👧👧	

14

15

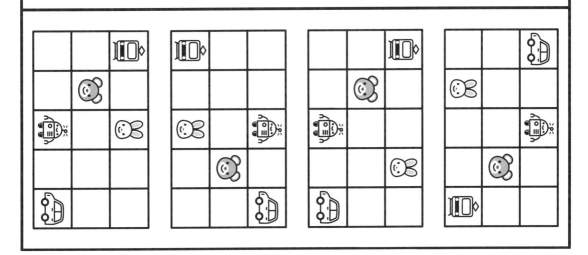

17

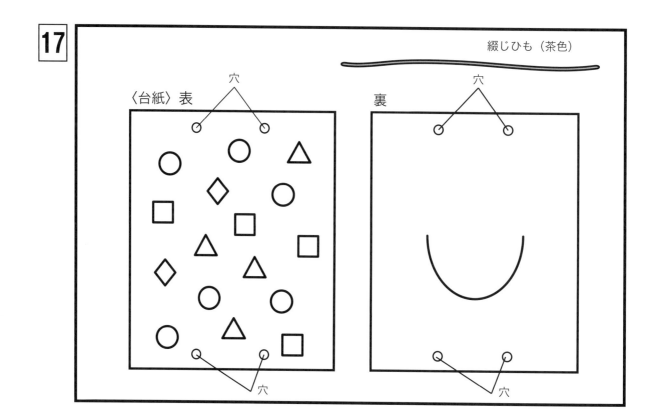

綴じひも（茶色）

穴

〈台紙〉表

裏

穴

穴

穴

18

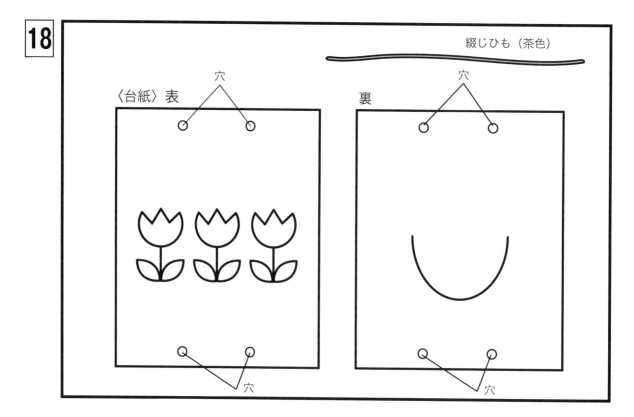

綴じひも（茶色）

穴

〈台紙〉表

裏

穴

穴

穴

section
2017 洗足学園小学校入試問題

■ 選抜方法

考査は1日で、ペーパーテスト、集団テスト、運動テストを行う。所要時間は約2時間。考査日前の指定日時（男女により指定日が異なる）に親子面接がある。

┃ ペーパーテスト ┃ 筆記用具は鉛筆を使用し、訂正方法は // （斜め2本線）。出題方法は口頭。

1 模 写

・左の絵を矢印の向きにコトンと1回倒すと、マス目の中の印はどのようになりますか。右の絵のマス目の中にかきましょう。

2 推理・思考（対称図形）

・透明な紙に描いてある絵を矢印の向きに裏返していきます。最後はどのような絵になりますか。右の四角の中から選んで○をつけましょう。

3 常 識

それぞれの段で先生のお話に合うものに✕をつけましょう。
・1段目です。子どものときと大きくなってからでは、姿が変わってしまう生き物はどれですか。
・2段目です。咲く季節が違うお花はどれですか。
・3段目です。土の中で育つものはどれですか。

4 常識（道徳）

・いけないことをしている子に○をつけましょう。

5 系列完成

・いろいろな印が決まりよく並んでいます。空いている二重四角に入る印を、すぐ下の3つの中から選んで○をつけましょう。

┃ 集団テスト ┃

6 巧緻性・絵画

バナナ、ブドウ、リンゴがなっている木と鳥が描かれた台紙（穴が開いている）、綴じひも（茶色）、クーピーペンが配られる。

・バナナを青のクーピーペンで塗りましょう。4つあるうちの1つは濃く塗り、2つは薄く塗ってください。

・台紙を裏返すと上半分に人の形、下半分にお皿が描かれています。上の形を使って自分の絵を描き、下のお皿には好きな果物を描きましょう。時間がある人は、空いている周りに好きなものを描いてもよいです。

・台紙を鳥の絵が見えるように半分に折り、重ねたまま穴に綴じひもを通してチョウ結びをしましょう。

🖤 行動観察（ジャンケンゲーム）

2チームに分かれてジャンケンゲームをする。1つのチームをさらに3つのグループに分け、3ヵ所でそれぞれ相手チームと向かい合うように並ぶ。

・1つ目のグループは線の上をケンケンで進み、2つ目のグループは線の上をジグザグ歩きで進み、3つ目のグループは線の上を歩いて線のとぎれているところはジャンプをして進み、相手チームのお友達とジャンケンをしましょう。勝ったらカゴから赤いボールを1個取ります。あいこや負けのときは取りません。終わったら、ボールを自分のチームのカゴに入れてから、次のグループの列の後ろに並びます。全員が3つのグループでジャンケンをし終わったらゲームは終了です。ボールの数が多いチームが勝ちです。

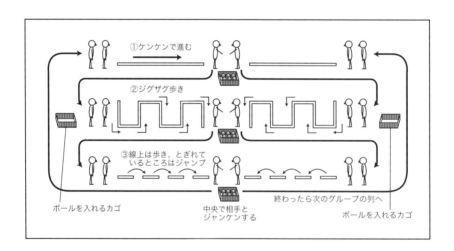

🖤 行動観察（お店屋さんごっこ）

色紙が入ったカゴ（色紙はカゴごとに異なる色になっている）、クーピーペンが用意されている。

・自分の番号札に貼ってあるシールの生き物と同じ生き物が描いてあるカゴのところに集まって、5、6人で1つのグループになります。何のお店屋さんにするか、グループのみんなで相談して決めましょう。決まったら、そのお店の品物をカゴの中に入っている色紙にできるだけたくさん描きます。時間になったら、自分のグループの色紙とほかのグループの色紙を交換して、できるだけたくさんの色の色紙を集めましょう。集めた色紙は、グループごとのカゴにまとめて入れてください。

運動テスト

■ 模倣体操

グーグーパーとジャンプしながら（両足をそろえてグーを2回、パーで両足を開く）、パーのときに両手を上げて、手をたたく。

■ バランス運動

片足バランスをする。

親 子 面 接

本 人

・お名前と生年月日、年齢を教えてください。
・この学校の名前を知っていますか。知っていたら教えてください。
・この学校に来たことはありますか。どのようなときに来ましたか。
・（学芸会のときに来たとの答えを受けて）学芸会のときに見たものは何でしたか。
・この学校に来たときに、小学生になったら楽しそうだなと思いましたか。
・今日は自分で起きられましたか。朝はいつも自分で起きますか。家族の中で誰が最後に起きますか。（答えから質問が発展する）
・お父さんと幼稚園（保育園）まで電車で行っているようですが、電車の中でしてはいけないことは何ですか。
・幼稚園（保育園）の先生はどのような先生ですか。先生のどういうところがすごいと思いますか。
・幼稚園（保育園）では誰と一緒にどんな遊びをしますか。
・小学校に入ったらしたいことは何ですか。
・（字を習いたいとの答えを受けて）字は書けますか。お手紙を書いたりしますか。誰に書きますか。

・（面接資料に入学したらオーケストラをやってみたいと本人が言っている旨を記載すると）オーケストラに入ったら、どの楽器を弾いてみたいですか。ピアノはどんな曲が弾けますか。

・（面接資料に国旗に興味がある旨を記載すると）好きな国旗はありますか。それを絵に描くことはできますか。

・（面接資料に弟の世話をよくする旨を記載すると）弟がいますか。かわいいですか。弟に何かお世話やお手伝いをしてあげることはありますか。

・今、頑張っていることは何ですか。

父　親

・志望理由をお聞かせください。

・本校には何回いらっしゃいましたか。参加された行事で印象に残っていることは何ですか。

・お子さんはお父さんのことをどのように思っていますか。

・忙しい中、どのようにお子さんとコミュニケーションをとっていますか。

・（面接資料に思いやりの心を大切に子育てをしていると記載すると）思いやりの心を大切にするという教育方針に対して、具体的にはどのようにしていますか。

・ほかに何校受験していらっしゃいますか。その学校も中学受験を意識した学校ですか。

・中学受験に対するお考えを聞かせてください。

母　親

・本校には何回いらっしゃいましたか。参加された行事で印象に残っていることは何ですか。

・どのようにして本校をお知りになりましたか。

・お子さんと接するときに気をつけていることはありますか。

・お仕事をされていますが、子育てをフォローしてくださる方はいらっしゃいますか。

・最近、お子さんをしかることはありましたか。それはどのようなときですか。

・私立の小学校に入学させることについて、どう考えていらっしゃいますか。

面接資料／アンケート
出願時に下記項目を記入した面接資料を提出する。

・志望理由。

・家庭の教育方針。

・子どもの性格。

・子どもの生活状況（好きな遊びなど）。

・子どもの健康状況、そのほか。

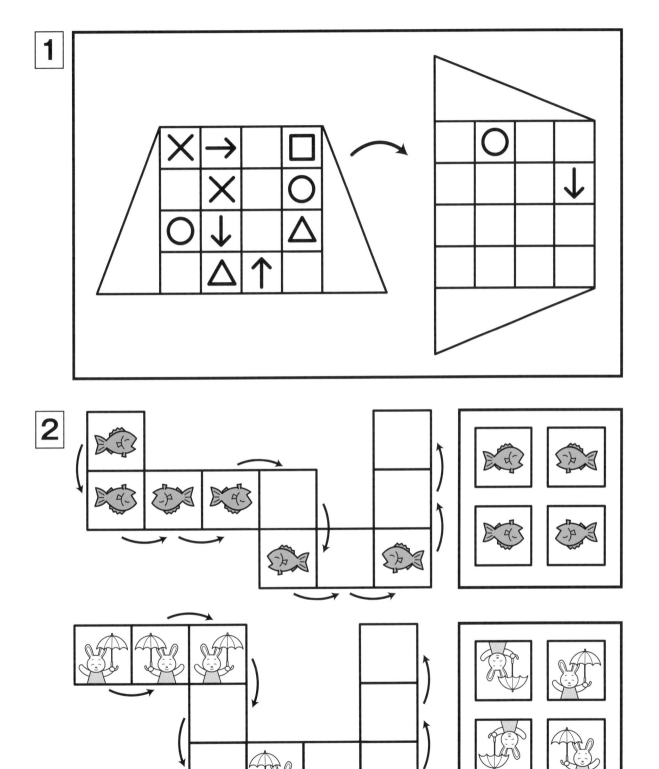

3

4

5

6

〈台紙〉

表　穴

裏　穴

穴

穴

■ 選抜方法

考査は1日で、ペーパーテスト、集団テスト、運動テストを行う。所要時間は約2時間。考査日前の指定日時（男女により指定日が異なる）に親子面接がある。

ペーパーテスト

筆記用具は鉛筆を使用し、訂正方法は // （斜め2本線）。出題方法は話の記憶のみテープで、ほかは口頭。

1 話の記憶

「今日は大晦日、年越しの日です。夜中の0時にかけて除夜の鐘が鳴り新しい年が始まります。たろう君は、毎年寝てしまって除夜の鐘を聞くことができないので、今年こそは夜遅くまで起きていて聞いてみたいと思っていました。でも、お母さんに『今日は早く寝ないといけないのよ。明日は初詣に行くから早起きをしなければならないでしょう』と言われたので、やっぱりお母さんの言う通り、早く寝ることにしました。次の日は新しい年の始まり、お正月です。夜にぐっすり寝たたろう君は朝早く起きて、きれいな初日の出を見ました。朝ごはんにおもちとおせち料理を食べました。おせち料理は3段の重箱に入っていました。お母さんが『おせち料理に入っているかまぼこは、初日の出のお日様に似ているでしょ。エビは、エビのように腰が曲がるまで長生きできるように、という願いを込めて食べるのよ』と教えてくれました。たろう君が『この黒い丸いのは何？』と聞くと『これは黒豆よ。大人になって会社に行くようになったら、まじめに元気に働けるように食べるのよ』とお母さんは言いました。初詣の後、お姉さんが『羽根突きやかるた取りをして遊ぼう』と言ったので、2人で遊びました。羽根突きはお姉さんが上手でしたが、かるた取りはたろう君が勝ったので、見ていたおじいさんがたろう君にお年玉をくれました」

・お正月に飾るものを選んで○をつけましょう。

・おせち料理は何段の重箱に入っていましたか。正しいものに○をつけましょう。

・初詣の後、たろう君は誰と何をしましたか。お話に合うものに○をつけましょう。

・お母さんは、おせち料理の中のかまぼこは何に似ていると言っていましたか。合うものに○をつけましょう。また、エビはどうして食べるのかお母さんは教えてくれました。合うものに×をつけましょう。

2 推理・思考（四方図）

上の左の絵を見ましょう。机の上には何も描いてありませんが、本当は積み木が置いてあ

り、その積み木を動物たちが見ています。右の絵は、ウサギから見た様子です。

・ネコから見た様子を下から選んで○をつけましょう。

・イヌから見た様子を下から選んで△をつけましょう。

・クマから見た様子を下から選んで×をつけましょう。

3 推理・思考（水の量）

・5つのカップに紅茶が入っています。それぞれのカップに角砂糖を1つずつ入れて溶かしたとき、一番甘くなると思うカップに○、2番目に甘くないと思うカップに×をつけましょう。印は、それぞれのカップのすぐ下の四角にかいてください。

4 常識（道徳）

・子どもたちがお掃除をしています。してはいけないことをしている子に○をつけましょう。

5 数量（マジックボックス）

・一番上の星の印の段を見てください。ウサギの箱を通ると、丸の数が変わります。次に太陽の印の段を見てください。カメの箱を通ると、ウサギの箱とは違うお約束で丸の数が変わります。ではその下の絵を見ましょう。それぞれのお約束の通りに丸の数が変わるとき、空いている四角に入る丸の数はいくつになりますか。その数だけ、四角の中に○をかきましょう。一番下の段の左端の四角には、自分で数を決めて○をかいてください。そしてその○が、ウサギの箱とカメの箱を通った後いくつになるか、右端の四角にその数だけ○をかきましょう。

6 絵の記憶

・（上のお手本を20秒見せる）絵をよく見てください。（お手本を隠し、下の絵を見せる）今見た絵と違っているところに○をつけましょう。

7 構成・観察力

・左のお手本の絵は、右の中のどれを使ってできていますか。合うものを選んで○をつけましょう。

集団テスト

8 巧緻性・絵画

A4判の台紙（穴が開いている）、綴じひも、クーピーペン（オレンジ色、茶色、赤、黒、

黄色、緑、紫）が配られる。台紙の表に星、三日月、矢印などの形、裏に人の肩から上の形が描かれている。

・この中から好きな星を3つ選んで、オレンジ色のクーピーペンで1つは濃く、残りの2つは薄く塗りましょう。

・台紙の穴に綴じひもを通し、首にかけられるようにしてチョウ結びをしましょう。台紙の上側の左右の角を裏側に折ってエプロンのできあがりです。

・エプロンができたら裏返し、そこに描いてある形を使って自分を描きましょう。時間がある人は色を塗ったり、周りに好きなものを描いたりしてもよいです。

🔖 行動観察（ジャンケンゲーム）

2チームに分かれてジャンケンゲームをする。

・各チーム1人ずつ、線の上をバツ印のところまでケンケンで進み、その先のバツ印へ両足ジャンプをします。そこからジャンケンをする場所まで線の上を歩いて進み、相手チームのお友達とジャンケンをしましょう。勝ったら赤い玉を1個取ります。あいこや負けのときは取りません。終わったら、自分のチームのところまで歩いて戻り、赤い玉を持っている人はカゴに入れてから、次の人にタッチして列の後ろに並びましょう。

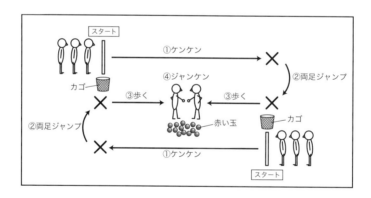

🔖 行動観察（共同制作）

色画用紙（水色、緑、青など多数）、白い画用紙（多数）、セロハンテープが用意されている。

・4、5人のグループに分かれます。色画用紙を4等分に折り、折り線に沿ってちぎり、筒状に丸め、セロハンテープで留めます。できた4本の筒を柱のように立て、上に白い画用紙を載せます。その上に、同じように残りの色画用紙と白い画用紙で作ったものを積んでいき、できるだけ高いタワーを作りましょう。倒れないようにみんなで工夫をして、「やめ」と言われたところで一番高かったチームが勝ちです。

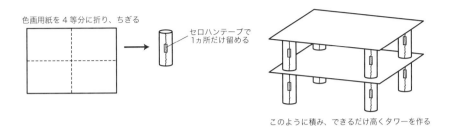

色画用紙を4等分に折り、ちぎる　　セロハンテープで1ヵ所だけ留める

このように積み、できるだけ高くタワーを作る

運動テスト

模倣体操

周りとの間隔を空け、広がるように指示がある。

・ジャンプしながら手足を開いたり閉じたりする。
・右手や左手を上げて力こぶを作るポーズをする。
・左ももを上げ右手で左ひざをたたく、右ももを上げ左手で右ひざをたたく。（くり返す）

親 子 面 接

本 人

・お名前を教えてください。
・住所を教えてください。
・この学校の名前を知っていますか。知っていたら教えてください。
・今日はどうやってここまで来ましたか。
・幼稚園（保育園）の名前と、担任の先生の名前を教えてください。
・担任の先生にほめられたことはありますか。また、しかられたことはありますか。
・お母さんの好きな花は何ですか。どうして好きなのか知っていますか。
・お父さんの好きな花は何ですか。知らなければ、今、聞いてみてください。
・幼稚園（保育園）はお弁当ですか、給食ですか。
・お弁当には何が入っているとうれしいですか。
・好きな食べ物と嫌いな食べ物を教えてください。お弁当に嫌いなものが入っていたらどうしますか。
・朝ごはんは何を食べてきましたか。
・「大きいもの」と聞いて何を想像しますか。「小さいもの」では何を想像しますか。
・お父さんとは何をして遊ぶのが好きですか。

・お手伝いは何をしていますか。お手伝いのときに気をつけていることは何ですか。
・幼稚園（保育園）のお友達の名前を教えてください。
・幼稚園（保育園）では何をして遊びますか。（答えから発展して、遊びの内容などを聞かれる）
・お友達とけんかをしたらどうしますか。
・お父さん、お母さんのどのようなところが好きですか。
・最近、お父さんやお母さんにどのようなことでほめられましたか。
・今、頑張っていることはありますか。
・好きな本は何ですか。（答えから発展して、話の内容などを詳しく聞かれる）

父 親

・志望理由をお聞かせください。
・本校には何回いらっしゃいましたか。参加された行事で印象に残っていることは何ですか。
・本校の印象はいかがでしたか。
・本校のどのようなところがお子さんに合っていると思いますか。
・お子さんの幼稚園（保育園）での様子をご存じですか。
・お子さんには将来どのような大人になってほしいですか。
・忙しい中、どのようにお子さんとコミュニケーションを取っていますか。
・ご家庭の教育方針を教えてください。
・どのようなお子さんですか。
・お子さんのよいところを教えてください。
・中学受験に対するお考えを聞かせてください。
・本校はほぼ全員が中学受験をしますが、ご家庭の方針とは合っていますか。
・最近お子さんとどのような話をしましたか。

母 親

・本校には何回いらっしゃいましたか。参加された行事で印象に残っていることは何ですか。
・どのようにして本校をお知りになりましたか。
・子育てで気をつけていることはありますか。
・お仕事をされていますが、子育てをフォローしてくださる方はいらっしゃいますか。
・育児の悩みを相談できる方はいらっしゃいますか。
・お仕事はフルタイムですか。お勤め先はどこにあり、何時ごろ帰宅されますか。
・（父親の答えを受けて）お子さんのよいところについて、どのようにお考えですか。
・受験に対して、どのような準備をしてきましたか。幼児教室には通っていますか。

・家庭学習はしっかりやっていただけますか。

・お子さんにお手伝いはさせていますか。

面接資料／アンケート

出願時に下記項目を記入した面接資料を提出する。

・志望理由。

・家庭の教育方針。

・子どもの性格。

・子どもの生活状況（好きな遊びなど）。

・子どもの健康状況、そのほか。

1

3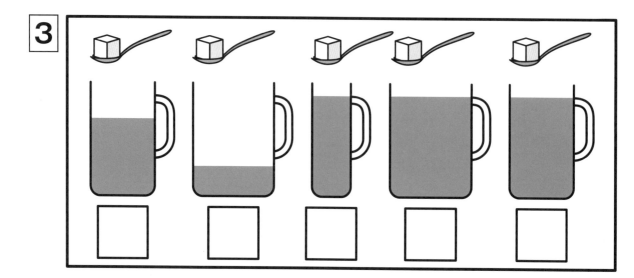

4

5 ☆

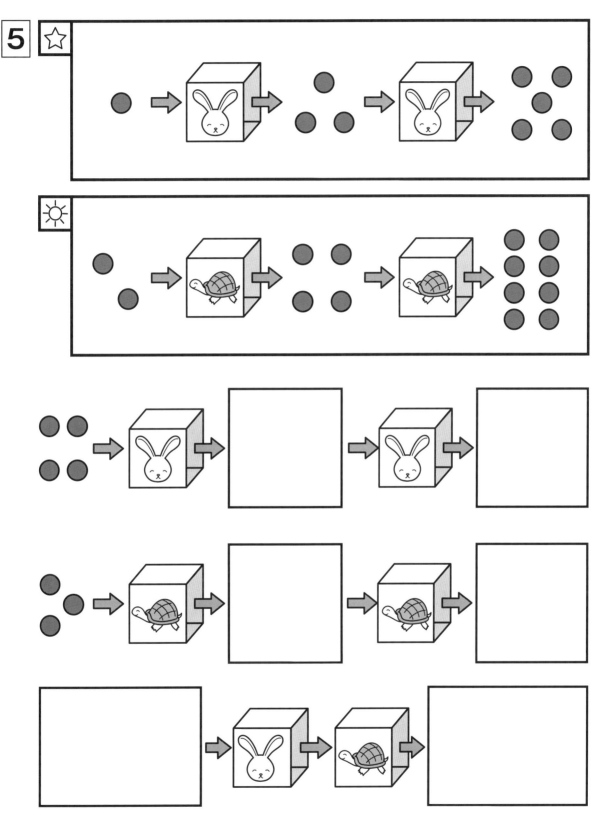

6

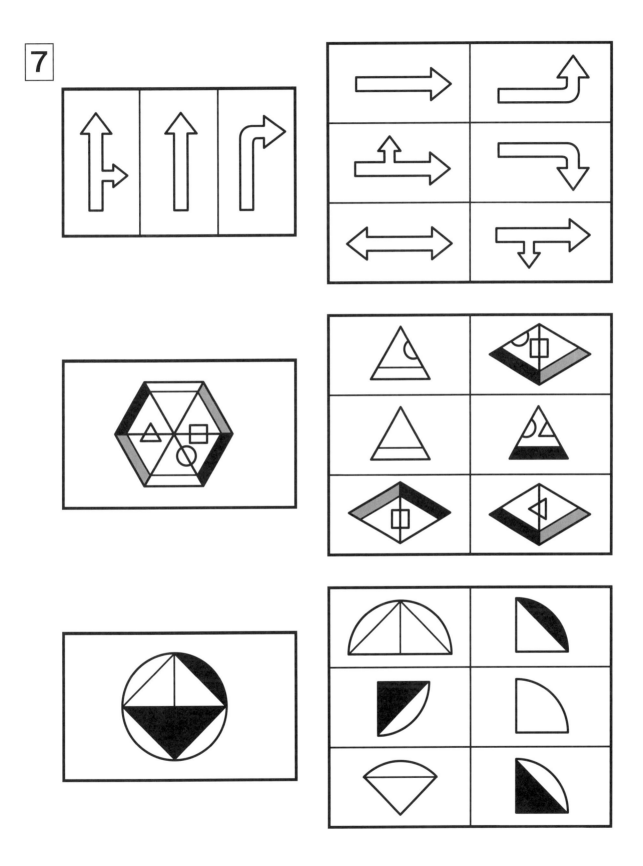

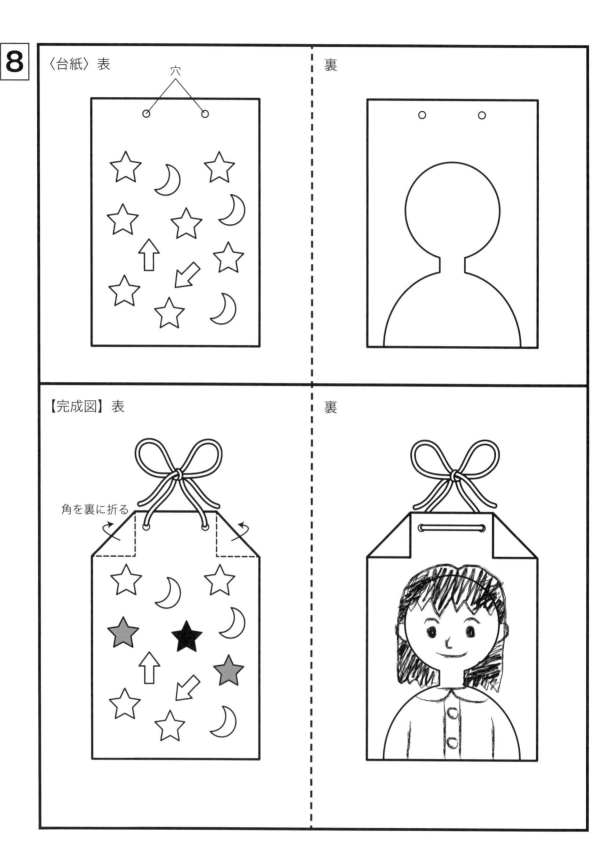

8

〈台紙〉表　　裏

【完成図】表　　裏

穴

角を裏に折る

2015 洗足学園小学校入試問題

■ 選抜方法

考査は1日で、ペーパーテスト、集団テスト、運動テストを行う。所要時間は約2時間。考査日前の指定日時（男女により指定日が異なる）に親子面接がある。

┃ ペーパーテスト ┃

筆記用具は鉛筆を使用し、訂正方法は // （斜め2本線）。出題方法は話の記憶のみテープで、ほかは口頭。

1 話の記憶

「夏が終わっても暑いので、クマさんは水遊びに行こうと思い、キツネさんにどこに行ったらよいか聞いてみました。キツネさんは『水遊びなら、やっぱり海がいいよ』と言いました。クマさんが海に向かって歩いていると、今度はリスさんに会いました。『クマさん、どこに行くの？』『海に水遊びをしに行くんだ』。するとリスさんは『海は高い波がザブンと来て怖いよ。ボートにも乗れるし海より湖の方がいいんじゃない？』と言いました。そこでクマさんは湖に向かって歩き始めました。歩いていると、タヌキさんに会いました。『クマさん、どこに行くの？』『湖に水遊びをしに行くんだ』。するとタヌキさんは『川が面白いんじゃない？』と言いました。『川はいつも魚釣りをしているから、つまんないな。やっぱり海に行こう』とクマさんが言うと、タヌキさんは『じゃあ、僕も一緒に行っていい？ 海だったら砂でお城も作れるよ』と言って、海に向かって走り出しました。クマさんは少し考えてから『待ってー』と言ってタヌキさんを追いかけました。海にはヨットが泊まっていて、遠くには大きな船も見えました。ヨットと船の間には島も見えました。クマさんとタヌキさんは海で泳いだり、砂でお城やお山を作って遊びましたが、砂のお城やお山は波ですぐに壊れてしまいました。遊んでいると、あっという間に空は夕焼け空になり、2匹は『バイバイ』と言ってお家に帰りました。きれいな夕焼けを見ながら『明日もよい天気になりそうだな。明日は川で遊ぼう』とクマさんは思いました」

・リンゴの印のところです。それぞれの動物たちはどこで水遊びをするとよいと言いましたか。動物の点と場所の点を線で結びましょう。

・ブドウの印のところです。クマさんが海で見た景色はどれですか。○をつけましょう。

・サクランボの印のところです。クマさんがいつもしていると言っていたことはどれですか。○をつけましょう。

2 推理・思考（対称図形）

・左側の絵のように折り紙を折って、黒いところを切って開くとどうなりますか。右側から正しいものを選び○をつけましょう。

3 構　成

・四角を太い線のところで切り分けたとき、できない形を下から選んで×をつけましょう。

4 推理・思考（重さ比べ）

・粘土の塊を４つの同じ大きさの小さい玉に分け、そのうちの２つをまとめて大きな玉を作ります。このようにして作った大小の玉を下のようにシーソーに載せて重さ比べをしたとき、つり合うシーソーはどれですか。その下の四角に○をかきましょう。

5 常識（道徳）

・いけないことをしている子に○をつけましょう。

6 絵の記憶

・（上のお手本を見せる）絵をよく見てください。（上のお手本を隠す）絵にあったものを下から選び、○をつけましょう。

7 数量（マジックボックス）

・一番上の星の印の段の３つの四角を見てください。リンゴの箱を通ると、丸の数が変わります。その下の太陽の印の段を見てください。サクランボの箱を通ると、リンゴの箱とは違うお約束で丸の数が変わります。その下の月の印の段を見てください。ブドウの箱を通ると、リンゴやサクランボの箱とは違うお約束で丸の数が変わります。それぞれのお約束の通りに丸の数が変わるとき、下の空いている四角に入る丸の数はいくつになりますか。その数だけ四角に○をかきましょう。

8 話の理解・常識（生活）

・わたしは物を貼るときに使います。好きな長さに切って使います。透明です。わたしに○をつけましょう。
・わたしは握って使います。切るときに使います。台の上に野菜などを置いて使います。わたしに△をつけましょう。
・わたしは握って使います。木を切るときに使います。ギザギザしています。わたしに×をつけましょう。

9 常識（仲間探し）

・上のお花の葉っぱを下から選んで、点と点を線で結びましょう。

集団テスト

巧緻性・絵画

星やハート、矢印などの形が描かれた台紙（穴が開いている）、綴じひも、クーピーペン（茶色、赤、黒、黄色、緑）が配られる。

・この中から好きな星を3つ選んで、茶色のクーピーペンで1つは濃く塗り、残りの2つは薄く塗りましょう（手本は示されない）。

・台紙を裏返すと上半分に人の形が途中まで描いてあります。この形を使って自分の絵を描きましょう。時間がある人は、洋服や周りに好きなものを描いてもよいです。

・台紙を真ん中の線で半分に折り、重ねたまま穴にひもを通して、チョウ結びをしましょう（この作業については、手本が示される）。

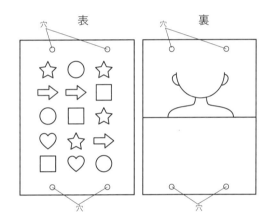

行動観察（ジャンケンゲーム）

1チーム10人くらいの4チームに分かれ、2チームごとにジャンケンゲームをする。

・各チーム1人ずつ、白線の上をケンケンで進み、端まで行ったら赤い線のところを歩いて進み、線の端まで行きます。そこから次の赤線まで両足ジャンプをします。そこからジャンケンをする場所まで赤線の上を歩いて進み、片足バランスをします。その後、相手チームのお友達と足ジャンケンをします。勝ったら箱から赤い玉を取り、あいこや負けのときは玉は取りません。取った玉は自分のチームのカゴに入れます（テスターが一度お手本を見せてくれる）。終わったら自分のチームに戻り、一番後ろに並びましょう。

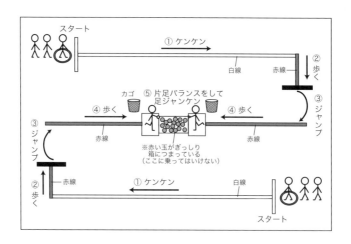

🔲 行動観察（共同制作）

ガムテープ（白）、紙テープ（緑）、新聞紙（カゴに入っている）が用意されている。

・4、5人のグループに分かれ、お友達と相談して用意されたものを使ってタワーを作りましょう。倒れないように工夫をして、「やめ」と言われたところで一番高かったチームの勝ちです。

▌運動テスト▌

🔲 模倣体操

周りとの間隔を空け、広がるように指示がある。

・ジャンプしながら腕を開いたり閉じたりする。
・上体をひねる。
・その場でスキップする。

▌親 子 面 接▌

本 人

・お名前と生年月日を教えてください。
・この学校の名前を知っていますか。知っていたら教えてください。
・お家の住所を教えてください。
・今日はどうやってここまで来ましたか。
・幼稚園（保育園）の名前を教えてください。
・幼稚園（保育園）のお友達の名前を教えてください。

・幼稚園（保育園）では何をして遊びますか。

・大事にしているものは何ですか。

・好きな本は何ですか。

・お家で何か飼っていますか。

・お手伝いは何をしていますか。

・お母さんの作った料理で好きなものは何ですか。

・最近お父さんやお母さんにほめられたことは何ですか。

・お父さんやお母さんには、どのようなときにしかられますか。

・お父さん、お母さんの好きなところはどこですか。

・何時に起きますか。何時に寝ますか。

・お勉強はしていますか。

父　親

・志望理由についてお聞かせください。

・本校には何回いらっしゃいましたか。参加された行事で印象に残っていることは何ですか。

・本校とお子さんはどのような点が合っていると思いますか。

・お子さんの将来像はどのように考えていますか。

・ご家庭の教育方針を教えてください。また、その方針を具現化するためにどのようにしているかお話しください。

・中学受験に対するお考えを聞かせてください。

・お子さんのよいところを教えてください。逆に、もう少しこうなってほしいなと思うことはどんなことですか。

・今のお子さんをどのように評価されていますか。

・なかなか時間がない中で、お子さんとどのようにかかわっていますか。

・いつから本校の受験を考えていましたか。

・単願ですか、併願ですか。

・お近くに子育てをフォローしてくださる親族はいらっしゃいますか。

・お仕事の内容についてお聞かせください。

母　親

・本校には何回いらっしゃいましたか。参加された行事で印象に残っていることは何ですか。

・本校とお子さんはどのような点が合っていると思いますか。

・本校でお子さんに何を学んでほしいですか。

・お子さんの健康面で気をつけていることは何ですか。

- お子さんの好きなことは何ですか。
- お子さんから、また、子育てから学んだことは何ですか。
- お仕事をされていますが、どなたかフォローしてくださる方はいますか。
- お仕事についてお聞かせください。フルタイムですか。会社の場所はどちらですか。何時ごろ帰宅されますか。
- 本校は家庭学習を重視しています。仕事もありお忙しいでしょうが、どのように対応していきますか。
- 行事の準備などでお母さまにご参加いただくことがありますが、可能ですか。
- 子育てで気をつけていることに照らして、今のお子さんをどう評価していますか。
- お家での約束事はありますか。それが守れなかったときはどうしていますか。
- 公共のマナーについてどのように教えていますか。
- 受験に対してどのような準備をしてきましたか。幼児教室には通っていますか。
- ご主人とお子さんの似ている点はどんなところですか。
- お子さんはお母さまをどのように思っていると思いますか。

面接資料／アンケート　出願時に下記項目を記入した面接資料を提出する。

- 志望理由。
- 家庭の教育方針。
- 子どもの性格。
- 子どもの生活状況（好きな遊びなど）。
- 子どもの健康状況、そのほか。

2

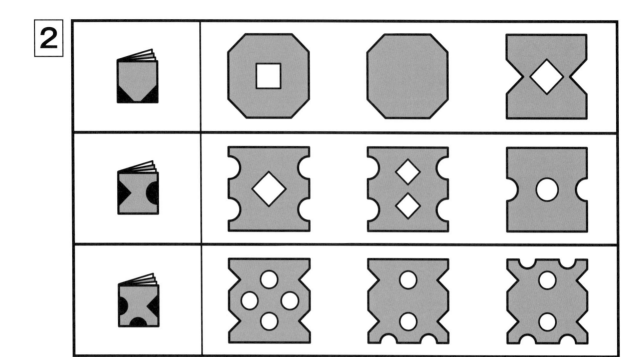

3

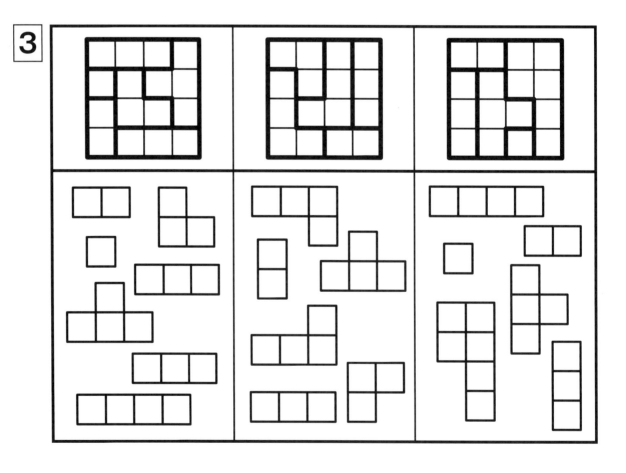

4

5

2015

6

7

8

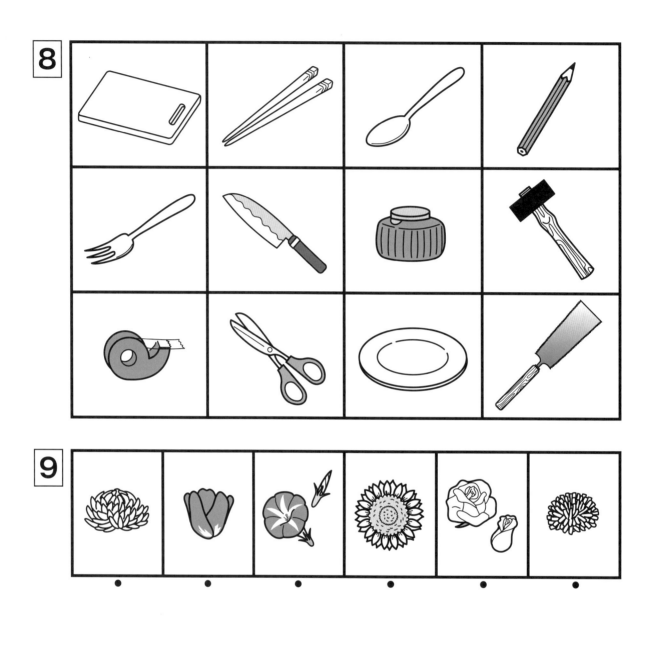

9

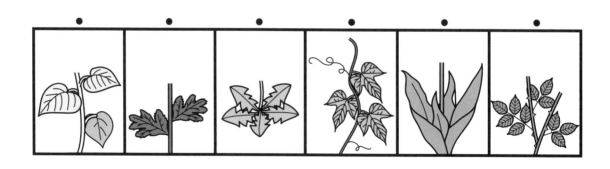

section
2014　洗足学園小学校入試問題

■ 選抜方法

考査は１日で、ペーパーテスト、集団テスト、運動テストを行う。所要時間は約２時間。考査日前の指定日時に親子面接がある。

┃ ペーパーテスト ┃

筆記用具は鉛筆を使用し、訂正方法は // （斜め２本線）。出題方法は話の記憶のみテープで、ほかは口頭。

1　点図形

・右側のお手本を点線のところで左側にパタンと倒すとどうなりますか。左側にパタンと倒した様子をかきましょう。

2　数量（マジックボックス）

・上のお約束を見ましょう。黒い丸がパンダの箱とライオンの箱を通ると、それぞれ数が変わります。どのようなお約束か考えて、それぞれの箱を通った後、黒い丸の数はいくつになるか、その数だけ四角の中に○をかきましょう。

3　話の記憶

「はなこちゃんとお母さんがスーパーマーケットにお買い物に行きました。魚売り場と野菜売り場の間を通って、最初にパンを買いました。お母さんが『今日の夕ごはんはカレーライスにしましょうね』と言って、野菜売り場でニンジンとジャガイモとタマネギを買い、次の角を左に曲がって真っすぐ進み、おせんべい売り場の角を左に曲がったところで鶏肉を買いました。『カレールーはお家にまだあるわね』とお母さんが言ったので、カレールーは買いませんでした。レジは３つありましたが、トイレの近くにあるレジでお金を払って、スーパーマーケットを出ました。帰り道で、お友達のたろう君のお母さんに会いました。たろう君のお母さんはスーパーマーケットの魚売り場でサンマを買ったとお話ししていました」

スーパーマーケットの売り場の絵を見ながら答える。
・はなこちゃんのお母さんがお買い物をしたところに○をつけましょう。
・はなこちゃんとお母さんがスーパーマーケットに入ってから出るまでに通った道に線を引きましょう。
・お金を払ったレジに×をつけましょう。

・たろう君のお母さんが買ったものはどこにあったのでしょう。その場所に△をつけましょう。

4 言 語

・上のお手本の絵を見ましょう。左側の「時計」と「トマト」のように初めの音が同じものの下の四角には○、右側の「風船」と「メロン」のように終わりの音が同じものの下の四角には×をかきます。下も同じように全部やりましょう。

5 常 識

・左側に描いてある生き物の親はどれですか。右側から探して○をつけましょう。

6 推理・思考（重さ比べ）

・同じ大きさの粘土の塊が2つあります。1つは、同じ大きさの6つに分けて小さな玉を作りました。もうひとつの方は、同じ大きさの2つに分けて大きな玉を作りました。下のように大きな玉と小さな玉をシーソーに載せて重さ比べをしたとき、つり合うものに○をつけましょう。

集団テスト

🔺 巧緻性・絵画

ハートと星が描かれた台紙（穴が開いている）、綴じひも（茶色）、袋に入ったクーピーペン（黒、紫、緑、赤、黄色）が渡される。

・この中から好きな星を3つ選んで、紫のクーピーペンで1つは濃く塗り、2つは薄く塗りましょう。

・紙を裏返すと人の形が描いてあるので、この形を使って自分の絵を描きましょう。時間がある人は、洋服を描いたり、周りに好きなものを描いてもよいです。

・下に開いている2つの穴にひもを通して、チョウ結びをしましょう。

表

穴

裏
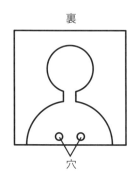
穴

🔊 行動観察（ジャンケンゲーム）

4つのチームに分かれ、2チームごとのお手玉の数（あいこの数）を競うジャンケンゲームをする。多い方が勝ち。

・各チーム1人ずつ、両側からスキップをして線まで行き、バツの印まで歩いたら、バツ印からバツ印までジャンプをします。そこから歩いて線まで進み、片足バランスで相手チームのお友達とジャンケンをしましょう。あいこならお手玉を1つ取ってカゴに入れます。ただし、勝ったり負けたりしたときはお手玉を入れることはできません。終わったら自分のチームに戻り、一番後ろに並びましょう。

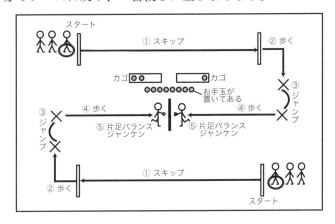

🔊 行動観察（共同制作）

色画用紙、色上質紙、ガムテープ（白）、紙テープ、新聞紙、クレヨン、のり、セロハンテープ、はさみが用意されている。

・グループのお友達と相談して、カブトムシ、新幹線、恐竜、ロボット、キリン、ケーキの中から好きなものを選んで作りましょう。時計の長い針が12のところ（グループにより指示が異なる）に来たら終わりです。終わったら、ゴミはゴミ箱に捨て、道具は元通りに片づけましょう。

▌ 運動テスト ▌

🔊 模倣体操

・ジャンプしながら手を開いたり閉じたりする。
・足踏みをしながら、グーにした手を片手ずつ上げたり下げたりする。
・足踏みをしながら、両手を上→横→前に動かす。一度、手だけで練習した後、足踏みをしながら行う。

親 子 面 接

本 人

- お名前と年齢を教えてください。
- 幼稚園（保育園）の担任の先生の名前を教えてください。
- 幼稚園（保育園）のお友達の名前を教えてください。
- 幼稚園（保育園）では何をして遊びますか。
- 幼稚園はお弁当ですか、給食ですか。お弁当の中に何が入っているとうれしいですか。
- お手伝いは何をしていますか。
- 今、一番欲しいものは何ですか。
- 最近お父さんやお母さんにほめられたことは何ですか。
- お父さんやお母さんには、どのようなときにしかられますか。
- お父さん、お母さんの好きなところはどんなところですか。
- お父さんの好きな色は何ですか。
- お母さんの好きなスポーツは何ですか。
- この学校の名前を知っていますか。知っていたら教えてください。
- この学校の学芸会で覚えていることはありますか。
- 幼稚園（保育園）でも発表会をすることはありますか。発表会ではどんな役をしましたか。
- 好きな本は何ですか。その本の内容をお話しできますか。
- 今日はどうやって来ましたか。電車にはいくつ乗りましたか。遠かったですか、近かったですか。
- 宝物は何ですか。それをお友達が欲しいと言ったらどうしますか。

父 親

- いつごろから本校を志願しようと思っていましたか。
- 本校には何回いらっしゃいましたか。参加された行事で印象に残っていることは何ですか。お子さんは一緒に来ましたか。
- 将来どのような大人になってほしいですか（お子さんの将来像はどのように考えていますか）。
- その将来像のために、どのようなことを教えていますか。
- お父さまから見て、どのようなお子さんですか。
- 家族で一緒に食事をとっていらっしゃいますか。
- 最近、お子さんはどんなことに興味がありますか。

・幼稚園（保育園）でお子さんと仲のよいお友達の名前を知っていますか。

・中学受験についてはどのようにお考えですか。

・お子さんと接するときに気をつけていることは何ですか。

母 親

・本校の教育方針がご家庭と合っている点は何ですか。

・本校でお子さんにさせたいことは何ですか。

・お子さんの好きなことは何ですか。

・お子さんから、また子育てを通して学んだことは何ですか。

・通学に時間がかかるようですが（50分程度）、不安はないですか。

・お子さんの家庭学習を見ることはできますか。

・お子さんのよいところと直してほしいところを教えてください。

・受験に対して、どのような準備をしてきましたか。幼児教室には通っていますか。

・公開授業をご覧になった感想をお聞かせください。

・家庭での決まりごとや、言い聞かせていることはありますか。

・公共のマナーをどのように教えていますか。

面接資料／アンケート　　出願時に下記項目を記入した面接資料を提出する。

・志望理由。

・家庭の教育方針。

・子どもの性格。

・子どもの生活状況（好きな遊びなど）。

・子どもの健康状況、そのほか。

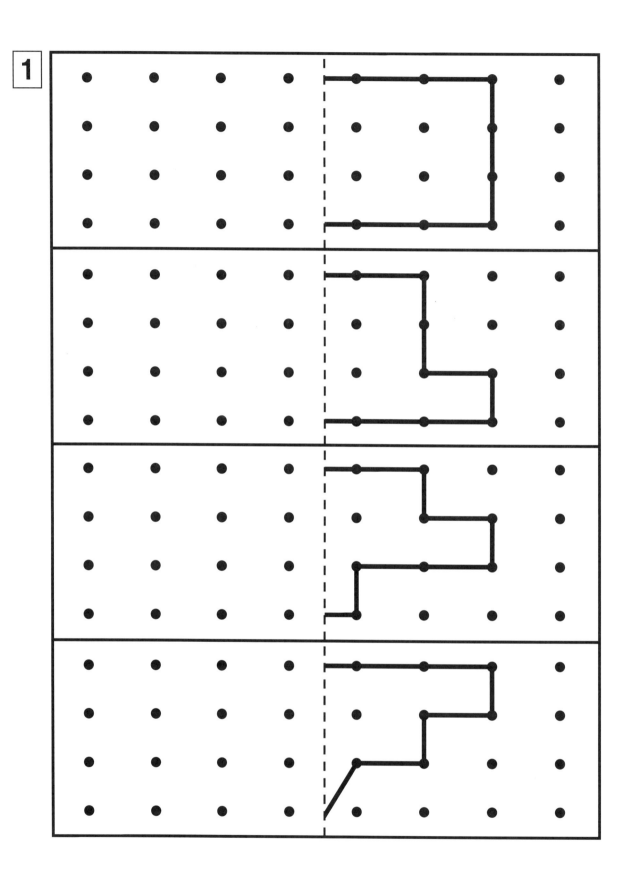

2

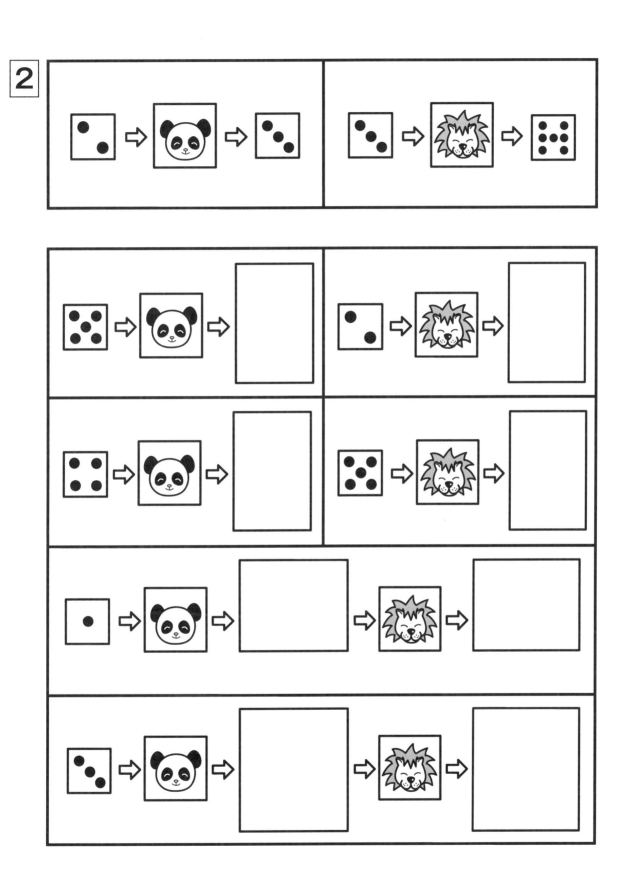

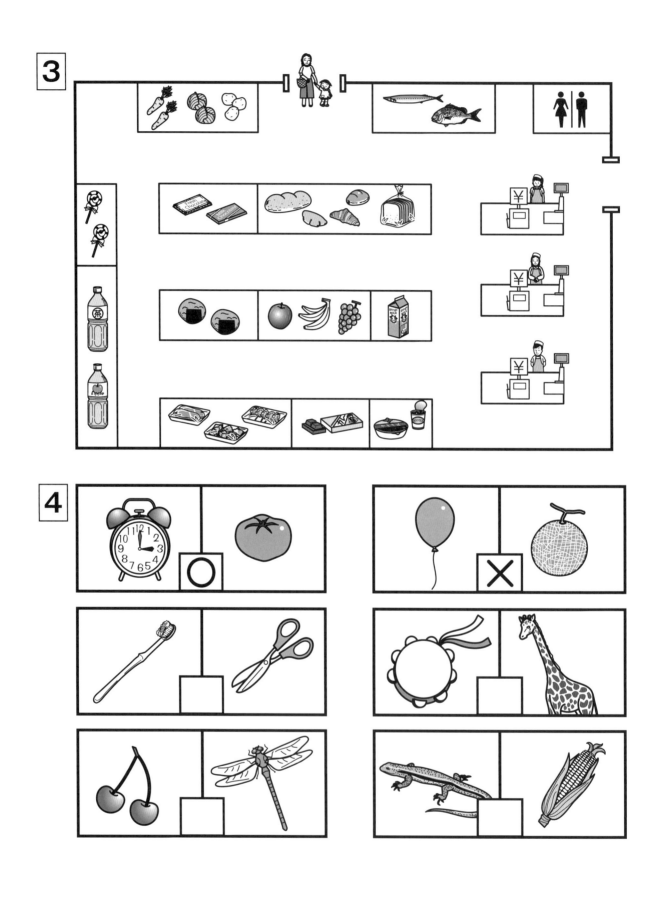

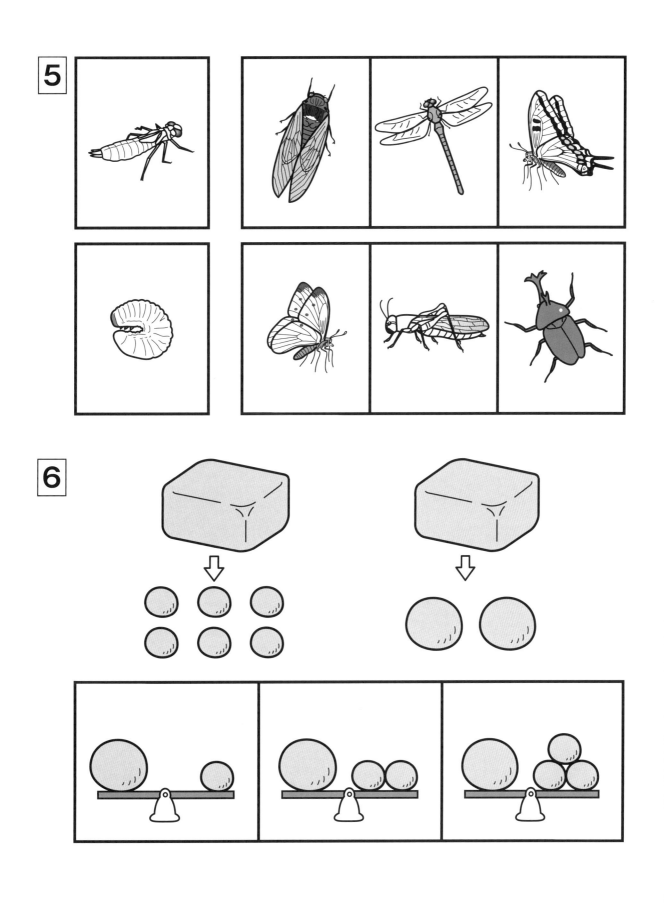

洗足学園小学校
入試シミュレーション

洗足学園小学校入試シミュレーション

1 話の記憶

「5月5日はこどもの日。じろう君とようこさんは一緒に遊ぶことにしました。公園で遊びたかったのですが、ようこさんのお母さんが『今日は雨が降るから、お家の中で遊びなさい』と言うので、ようこさんのお家で折り紙をして遊ぶことにしました。『床の間に飾ってあるかぶとがとてもかっこよかったから、僕はかぶとを作ろうかな』『じゃあ、わたしは蛇腹に折って扇子を作るわ』。そのとき、外で雨が降り始めました。雷がピカッ、そしてまたピカッ、さらにピカッと続けて光りました。『うわぁ、雨がたくさん降っているね』『うん、お母さんの言った通りだったね』」

- ようこさんのお母さんが言った、今日の天気は何でしたか。一番上の段で合うものを選んで○をつけましょう。
- 2番目の段で、じろう君が折り紙で作ったものには○、ようこさんが作ったものには△をつけましょう。
- 雷は何回光りましたか。3番目の長四角の中にその数だけ○をかきましょう。
- こどもの日はどの季節にありますか。下の4つの絵から合う季節に○をつけましょう。

2 点図形・模写

- 上の2つは左のお手本と同じものを、右の四角にかきましょう。下の2つはどちらもガラスにかかれているものだとして、裏から見た様子になるように右の四角にかきましょう。

3 構　成

- 左の四角の中の形は、それぞれ右の形を合わせるとできます。でも使わなくてよいものが1つあるので、それに○をつけましょう。

4 位置・記憶

- 上のお手本をしっかり見ましょう（と言って20秒間見せた後隠し、下の枠だけを示して質問する）。では、先ほど見た絵で、野菜があったところに○をかきましょう。

5 常　識

- この絵の生き物は、どこで暮らしていますか。4つの角に描かれた池、木、草や花、海と、その生き物をそれぞれ線でつなぎましょう。

6 推理・思考（重さ比べ）

・それぞれのてんびんの様子を見て、右の2つのうちの重い方に○をつけましょう。

7 位置・記憶

・4つの絵の様子を見てください。しっかり見ましょう（15秒後に隠し、下の枠だけ示して質問する）。先ほど見た絵で困った顔をしているクマがいたところに○、驚いた顔をしているクマがいたところに△をかきましょう。

8 数量（マジックボックス）

・上の段がお約束です。いろいろなものが雲の箱を通ると1つ増え、星の箱を通ると3つ増え、太陽の箱を通ると2つ減ります。では、いろいろなものが下のように箱を通ると、空いている四角の中はいくつになりますか。その数だけ四角の中に○をかきましょう。

9 推理・思考（四方図）

・机の上の積み木を動物たちは周りから、小鳥は上から見ています。それぞれどのように見えますか。下から選んで、その動物の近くにある印をつけましょう。

10 推理・思考（水の量）

・上の段です。いろいろな入れ物に水が入っています。上のお砂糖を入れたとき、水が一番甘くなるものに○、2番目に甘くなるものに△をつけましょう。
・下の段です。コップに水とビー玉が入っています。中のビー玉を取り出したとき、水の高さが一番低くなるものに○、2番目に低くなるものに×をつけましょう。

11 系列完成

・いろいろな形が決まりよく並んでいます。印のある四角に入るものをすぐ下から選んで、それぞれ四角の中の印をつけましょう。

12 言　語

・上の3段です。それぞれの段で、絵が左からしりとりで全部つながるように、四角の中のものを選んで○をつけましょう。
・下です。上と下から名前の音の数が同じものを選んで、それぞれ点と点を線で結びましょう。

1

2

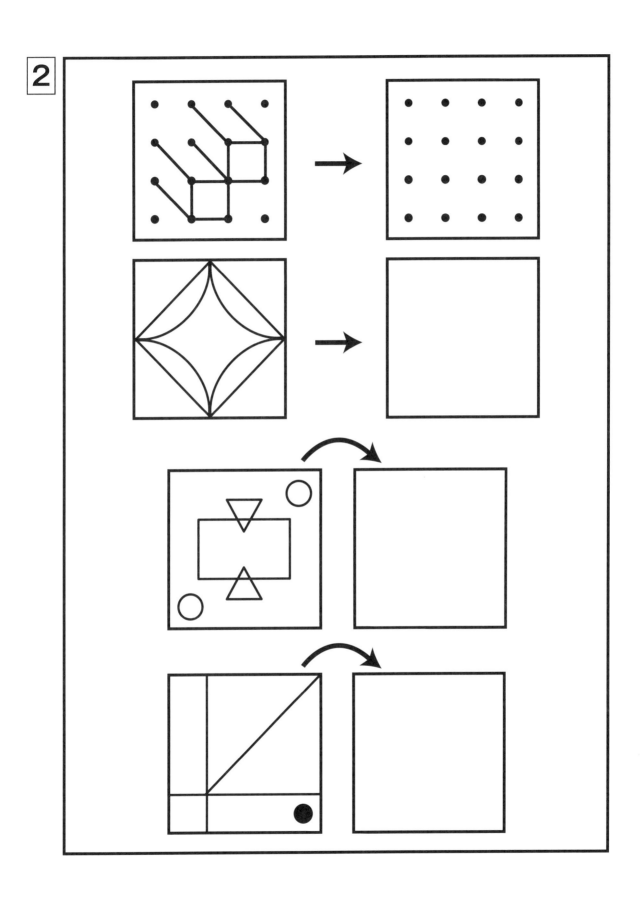

3

4

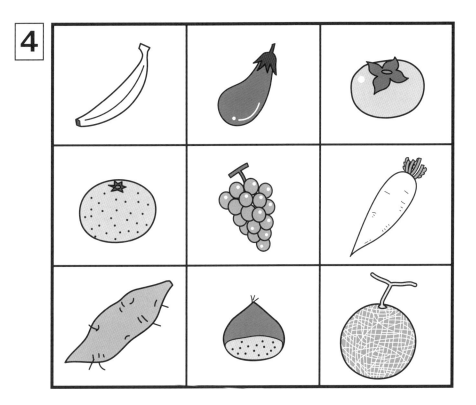

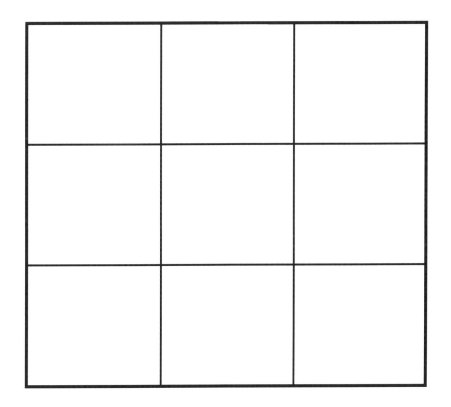

5

6

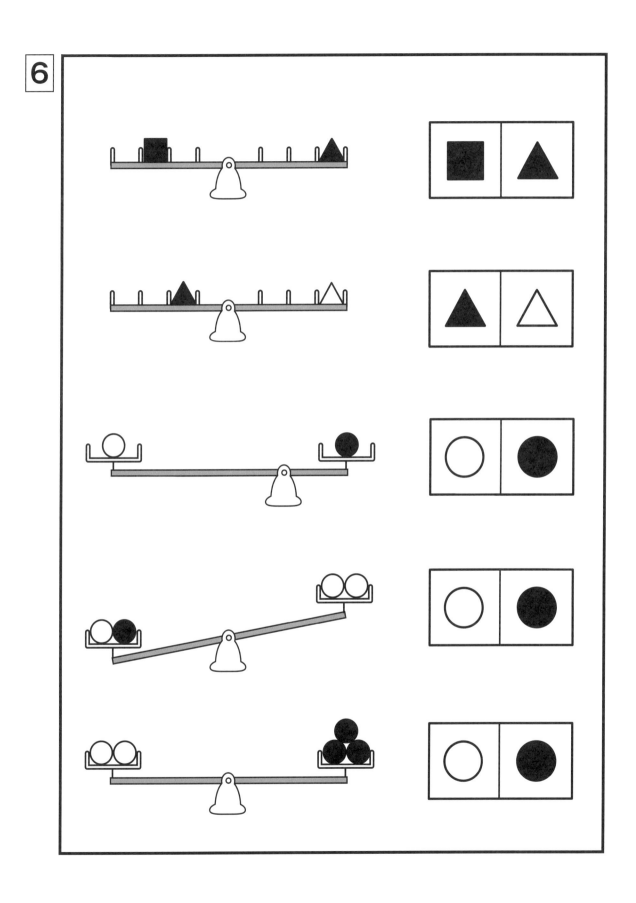

7

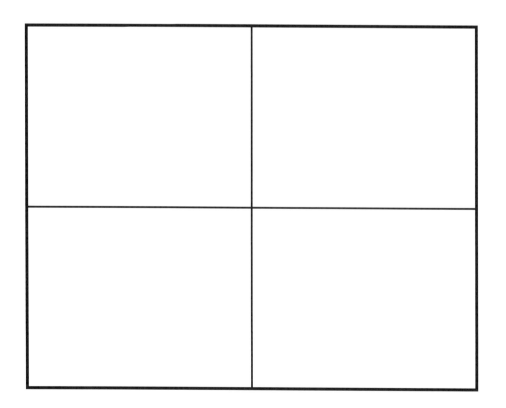

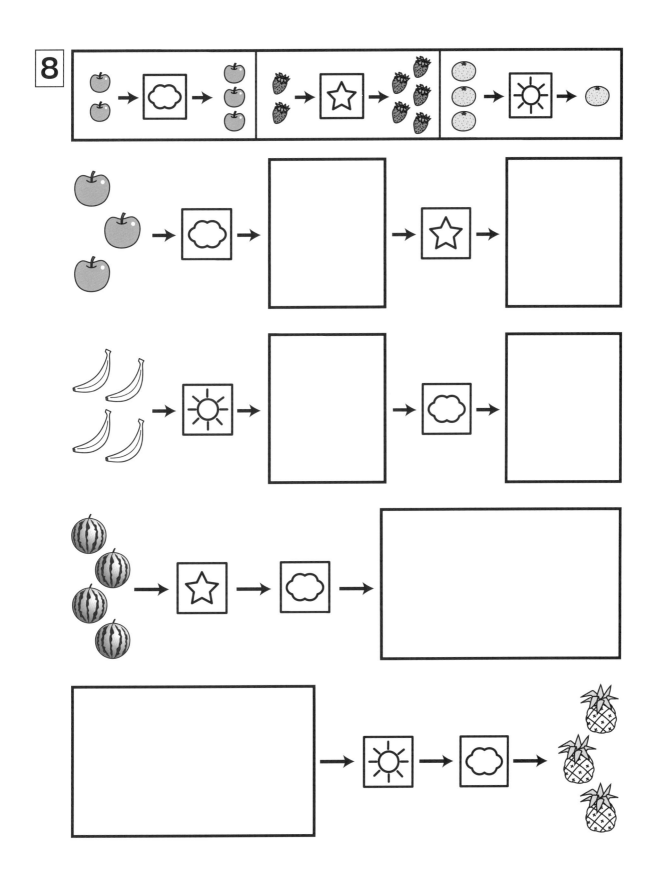

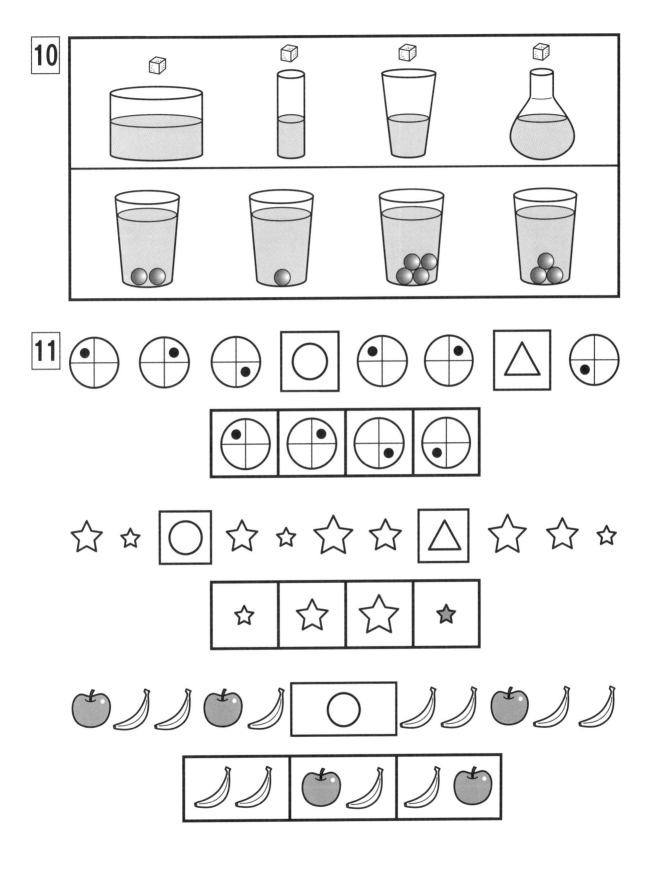

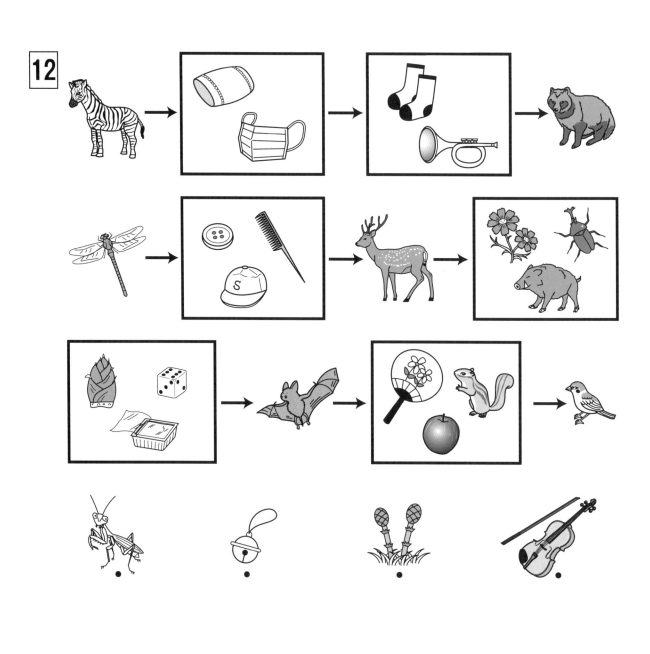

［過去問］ 2024

洗足学園小学校 入試問題集

解答例

✳ **解答例の注意**

この解答例集では、ペーパーテスト、集団テストの中にある□数字がついた問題、入試シミュレーション
の解答例を掲載しています。それ以外の問題の解答はすべて省略していますので、それぞれのご家庭でお
考えください。（一部□数字がついた問題の解答例の省略もあります）

入試シミュレーションの
解答例もあります！

© 2006 studio*zucca

Shinga-kai

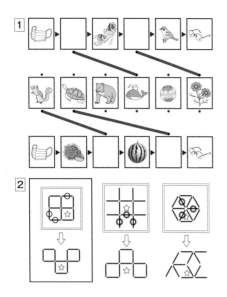

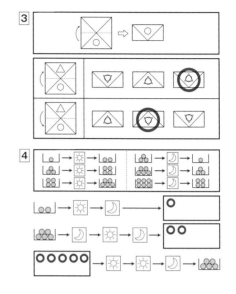

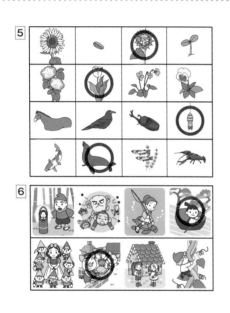

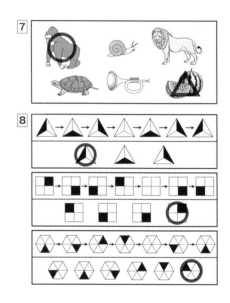

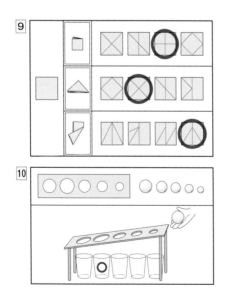

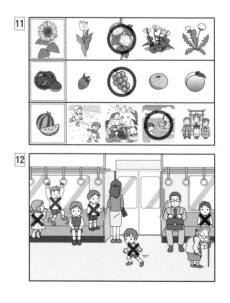

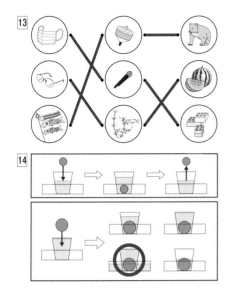

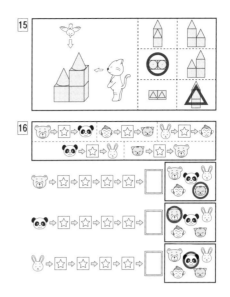

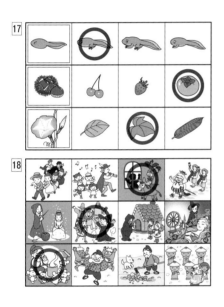

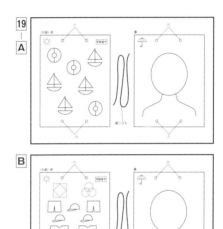

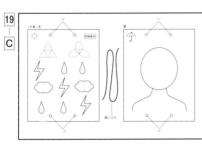

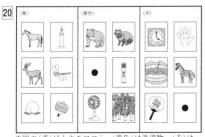

※20の(青)はトウモロコシ、(黄色)は洗濯物、(赤)は
テントウムシ

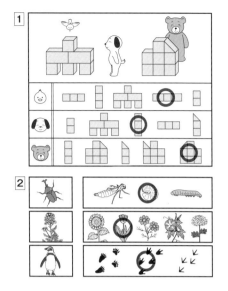

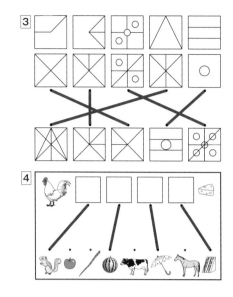

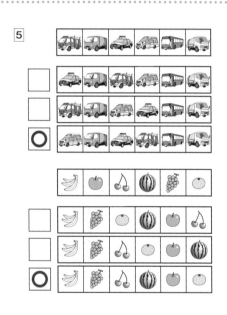

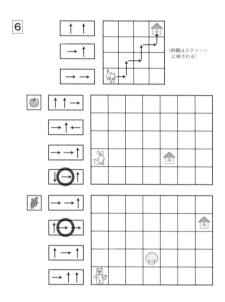

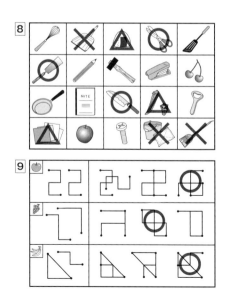

10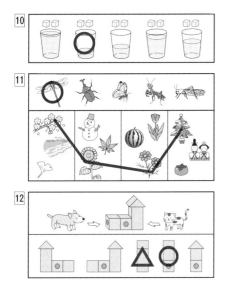
11
12

13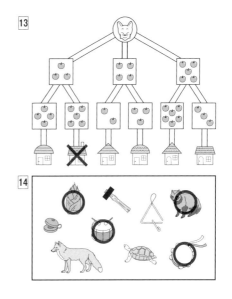
14

15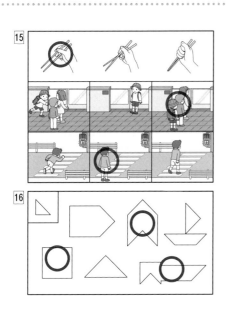
16

17

18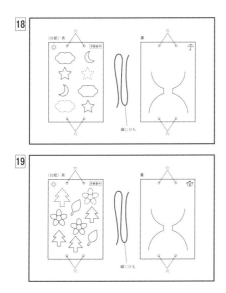
19

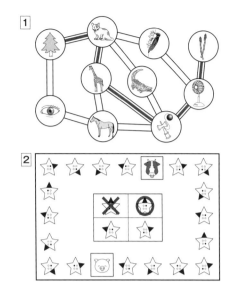

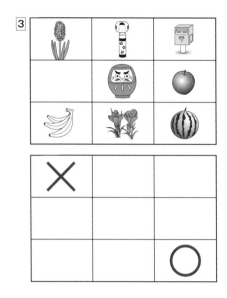

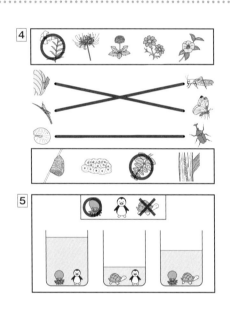

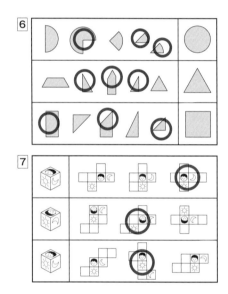

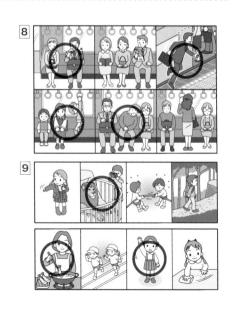

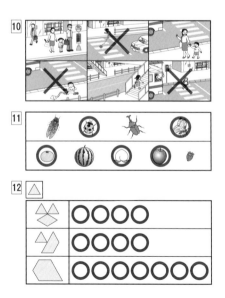

2021 解答例

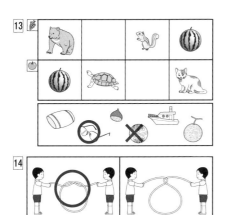

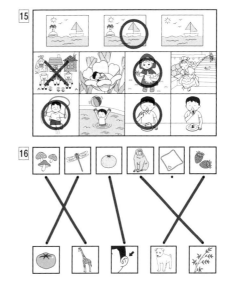

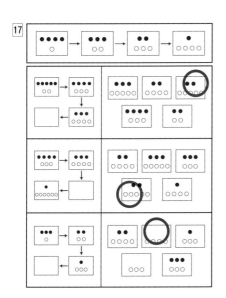

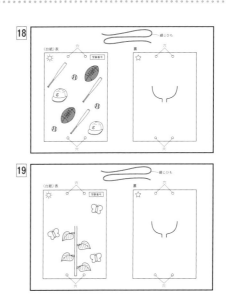

2020 解答例

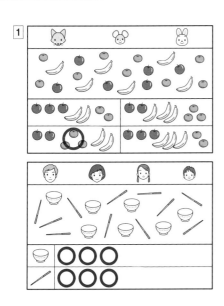

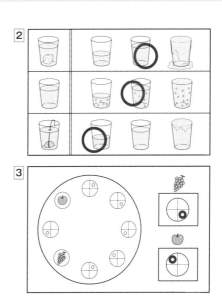

4

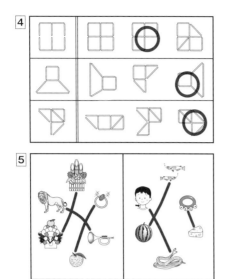

5

6

7

8

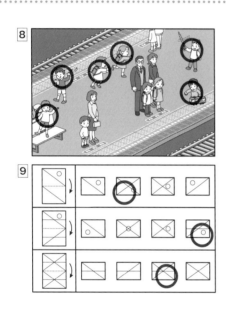

9

10

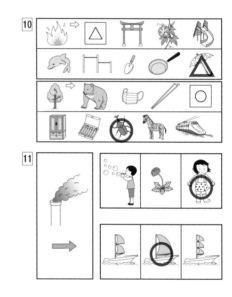

11

12

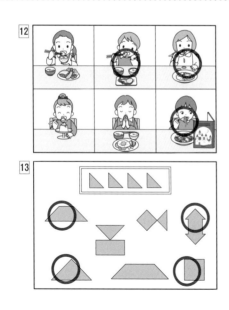

13

14

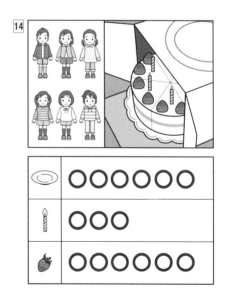

2020 解答例

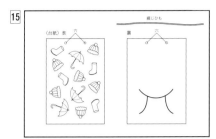

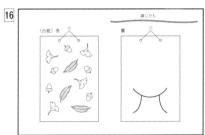

2019 解答例

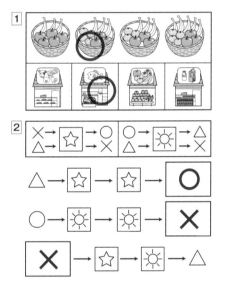

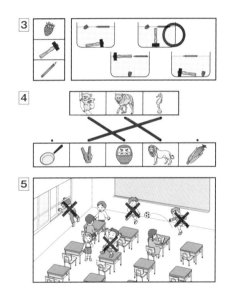

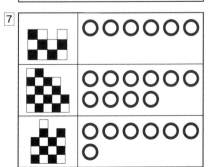

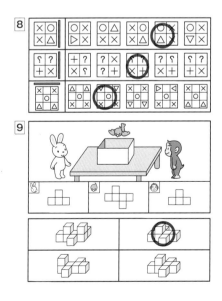

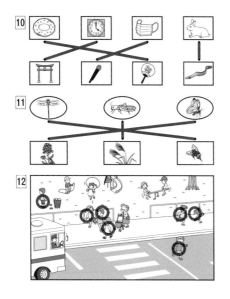

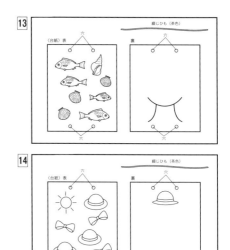

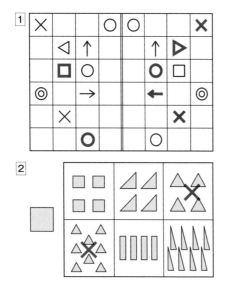

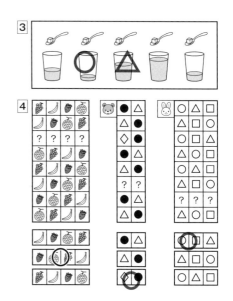

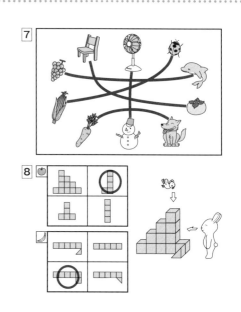

9
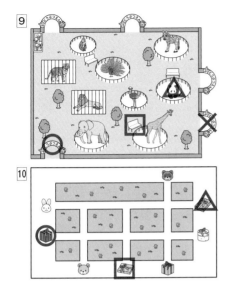

10

11
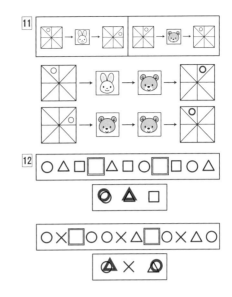

12

13
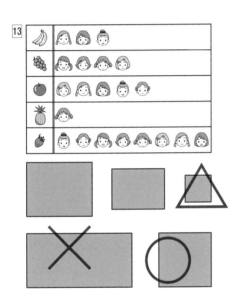

14

15

16

17

18
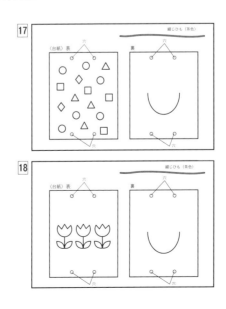

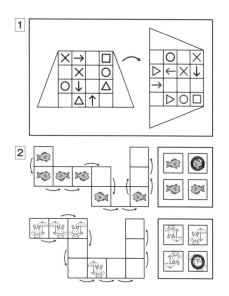

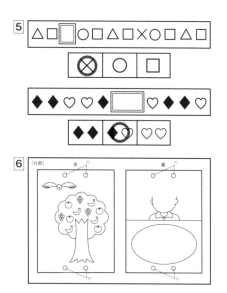

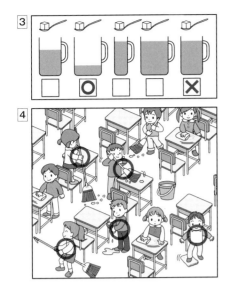

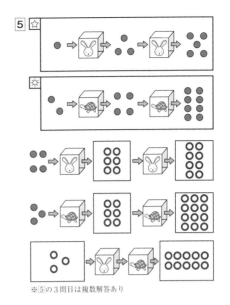

※⑤の３問目は複数解答あり

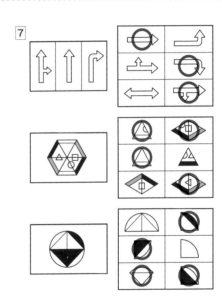

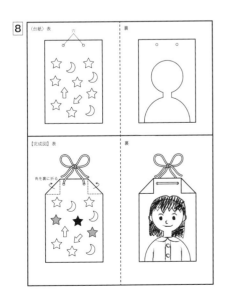

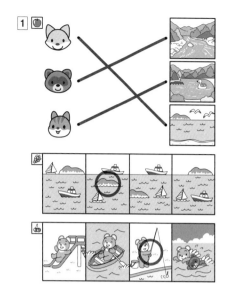

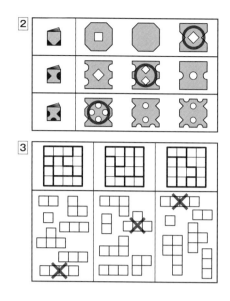

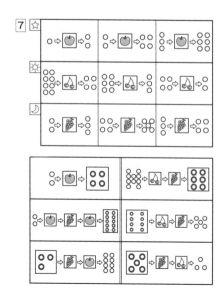

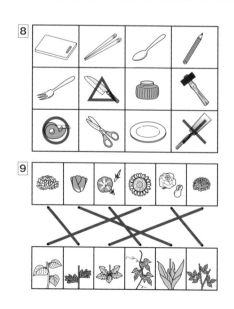

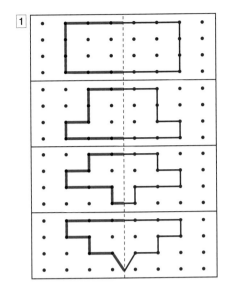

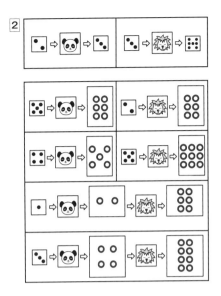

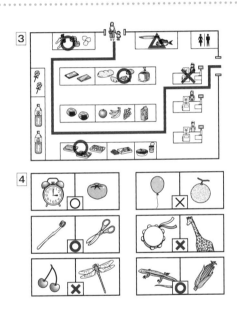

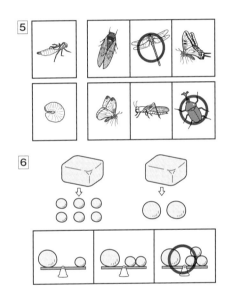

1

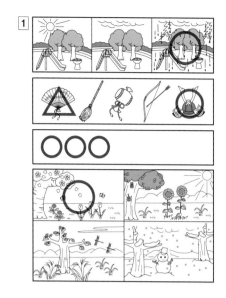

2

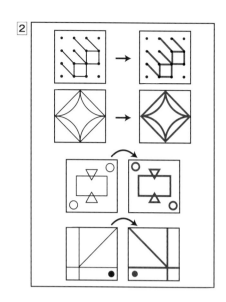

3

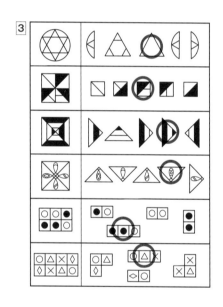

4

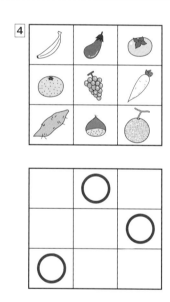

5

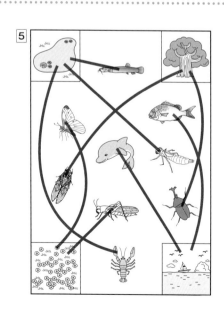

6

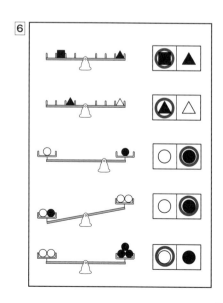

7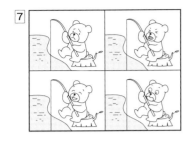

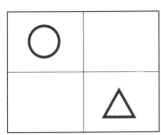

8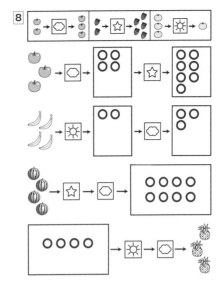

9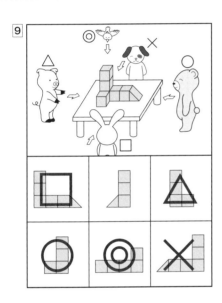

10 11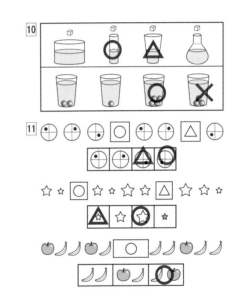

12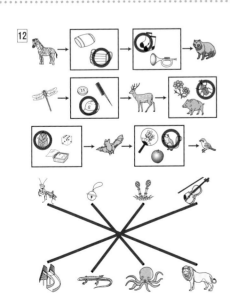

memo

memo

memo

Shinga-kai